キャッシュレス経済圏のビジネスモデル

LINEとメルカリでわかる

安岡孝司
YASUOKA TAKASHI

日経BP社

はじめに

ＬＩＮＥやメルカリは私たちの生活の中でよくお世話になっているサービスです。一方フィンテックや仮想通貨というと、興味はあるけどちょっと距離があるという感じでしょうか。

お金がらみのサービスは金融規制によって厳しく制限されていましたが、近年になって規制が大幅に緩和されました。事業会社ではこれまでモノやサービスという枠の中でビジネスを考えていたのですが、それにお金をからめることができるようになり、まったく新しいビジネスが生まれる時代になっています。

ＬＩＮＥやメルカリのサービスを調べると、お金がらみの新しいビジネスモデルが生まれていることがわかります。私たちはフィンテックや仮想通貨のハードルの高さを感じることなく、新しい形のサービスをＬＩＮＥやメルカリで利用しているのです。

フィンテックビジネスは間口が広いためその説明は網羅的になりがちで、全貌をつかむのは大変です。そこで本書はＬＩＮＥとメルカリに絞ってそのビジネスを分析し、フィンテック関連の新しいビジネスの動きを紹介します。この動きをキャッシュレス社会やシェアリングエコノミーとの関係で考えると、大きな流れと未来図がみえてきます。

LINEのキャッシュレス経済圏

飲み会の割り勘や仮想通貨がもらえるサービスを開始！

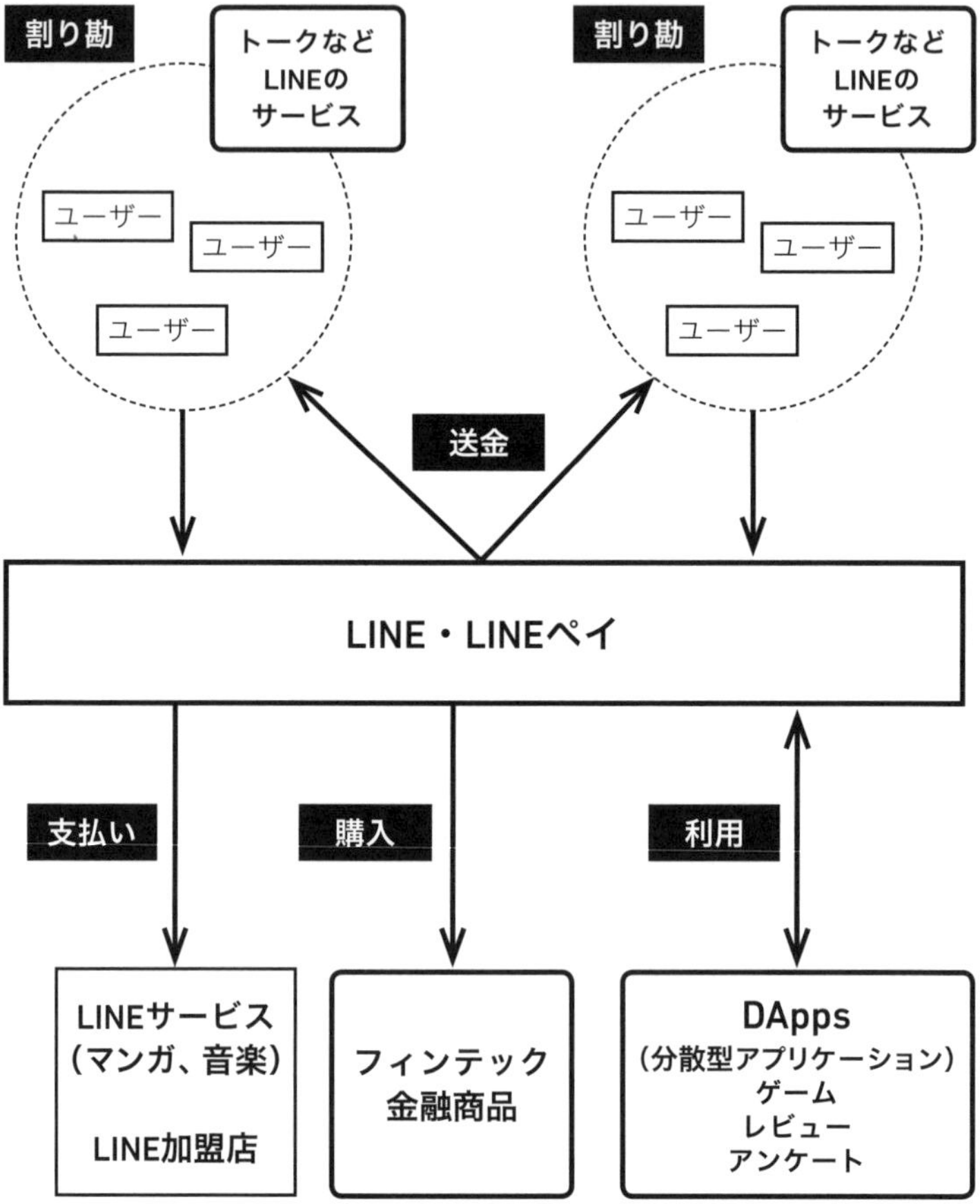

メルカリのキャッシュレス経済圏

メルカリで売って得たお金を加盟店で使えるように！

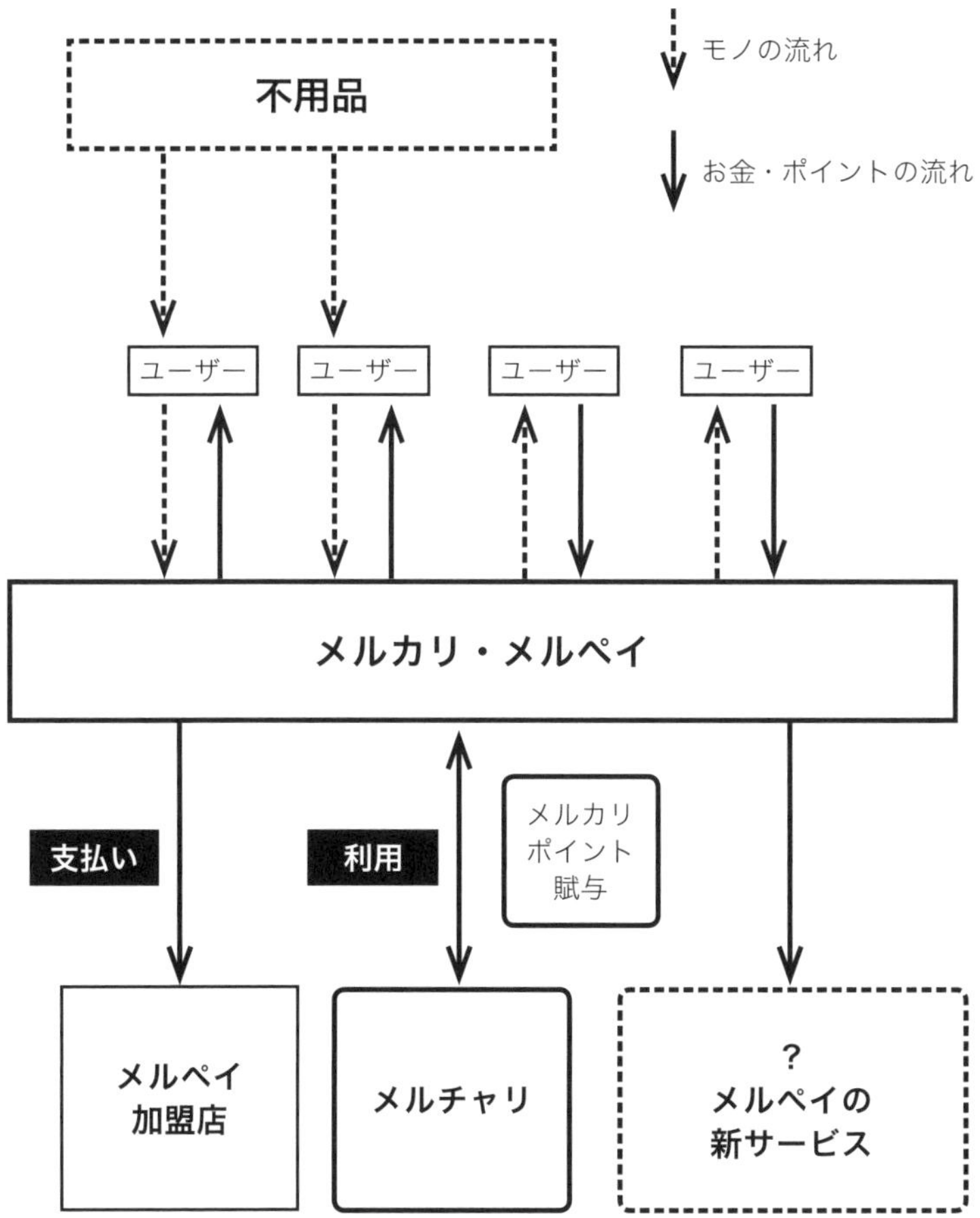

（注）メルペイによる支払いサービスは2018年度中に開始予定。
メルペイの決済サービス開始後は、「メルカリポイント」が「送金」に変わる可能性あり

もくじ

プロローグ

本書では、ある町に住むお父さんとお母さんと娘の３人家族の物語に沿って、フィンテック、キャッシュレス、仮想通貨について解説します。

お父さんはベテランの刑事で、別名「メルチャリ刑事」とも呼ばれています（詳しくは後ほど）。お母さんから連絡用にＬＩＮＥを使うように勧められていますが、「あれは女子のやるもの」と考えている人なので、まだＬＩＮＥデビューをしていません。お父さんはツイッターとフェイスブックを使っていますが、仕事柄、余計なことは投稿できません。たまに出張があっても、それは捜査のためなので観光地の自撮り写真を投稿するわけにはいかないのです。したがって基本は〝見る専〟です。見る専とは自ら投稿はしないで、友人や有名人の投稿を見て楽しむだけのＳＮＳユーザーのことです。

お母さんは手料理を見栄えよく盛り付けるのが得意で、食器にも凝っています。料理の写真をインスタグラムに投稿するうちに評判になり、フォロワーが1万人以上もいてその世界ではちょっとした有名人です。

お母さんは最近メルカリも始めて、使わなくなった食器や着なくなった洋服などを売っています。昔、お父さんにプレゼントしてもらったバッグなども内緒でこっそり出品しています。お父さんはメルカリを使っていないので、お母さんのメルカリ利用には気づいていません。

お母さんと娘は仲良しで、ＬＩＮＥで楽しそうにやり取りをしています。

娘は大学生で就活中です。マンガサークルに入っていて、夜遅くまでマンガを描いてばかりです。本当はアニメの声優になりたいのですが、無理そうなので就職することにしました。ところが就活で苦戦していて、「就職なんかしないで、ＬＩＮＥとメルカリでお金を稼げないかな～？」などという無謀な考えが頭をよぎります。

娘がそんな想像をするようになったのには理由があります。もともと「私の描いたマンガや私の考えたシナリオをメルカリで売れないだろうか」と考えていたのですが、それに加えて最近はＬＩＮＥやメルカリで「マネー」「キャッシュ」「ペイ」などサービスが増えていて、よくわからないけど「うまくお金を貯められるのかも？」と思ったのです。

ＬＩＮＥやメルカリのお金ビジネスに関心を持っているのは、娘だけでありませんでした。お父さんとお母さんも、いつの間にかＬＩＮＥやメルカリのお金ビジネスの利用者になっていました。

３人はそれぞれ、ＬＩＮＥやメルカリのお金ビジネスには「謎」があることに気づきます。最初に「謎解き」を始めたのはお父さんでした。キャッシュレス革命はお父さんの仕事にも重大な影響を及ぼすことに気づいたのです……。

PART

1

LINEと
キャッシュレスビジネス

01 スマホ送金

お父さんの謎解き

LINEペイにはどういう機能があるのか？

お父さんがついにLINEデビューする日が来ました。お母さんからの誘いをずっと断っていたのに、お父さんに何が起きたのでしょうか。気が変わった理由は飲み会でした。最近刑事になった若い女性警察官から、こう要求されたのです。

「これから飲み会の精算はLINEペイでやります。現金で支払う人にはお釣りが出ませんので、あしからず」

しかたなくお父さんはLINEを始めました。そして、せっかくLINEペイを使うなら、割り勘のほかにもそのお金を使いたいと思って、調べてみました。

LINEペイでできること

LINEペイは決済と送金ができるアプリです。「割り勘あるある」や「立て替えあるある」のテレビコマーシャルでよく知られています。LINEペイにはLINEペイカードというリアルなプリペイドカードがありますが、ここではスマホアプリとしてのLINEペイだけで話を進めます。

LINEペイの送金はわかりやすい金融サービスで、いかにもフィンテックらしいサービスといえます。その舞台裏を覗くと、資金決済法（次章参照）をうまくクリアして使いやすい送金システムを作り上げたことがわかります。その話に進む前に、LINEペイでできることをまとめておきます。

現金のチャージと出金

LINEペイでクレジットカードや銀行口座を登録しておけば、提携先でネットショッピングができます。LINEペイそのものに銀行口座のような機能があり、お金をチャージできるようになっています。チャージはスマホで銀行口座から入金します。ちなみに入金限度額は100万円までです。

現金チャージという点ではSuica（スイカ）やPASMO（パスモ）などのプリペイドカードに近いところがあります。スイカは預かり金（デポジット）の500円を預けますが、LINEペイはデポジットが不要なので無料で始められます。

貯まっているお金を引き出すこと（出金）もできます。プリペイドカードにチャージしたお金は出金できないので、LINEペイはプリペイドカードより銀行口座に近いといえます。

決済（支払い）

自動販売機やコンビニの支払いではスイカやパスモのプリペイドカードが使えます。これはプリペイドカードに決済（支払い）機能があるからです。LINEペイでも加盟店での買い物の支払いができるので、決済機能があります。多くのチェーン店がLINEペイに加盟し始めています。

さらに電力会社や水道局まで広がってきています。公共料金を銀行振り込みにするには最初の手続きが面倒ですが、LINEペイだと送られてきた請求書のバーコードをスマホで読めば支払えるので、コンビニに行って支払う必要もなく、1人暮らしの若い人にとっては便利な方法です。ひょっとするとお金の流れが変わっていくのかもしれません。この話は04章のキャッシュレス化でもう少し深掘りします。

またＬＩＮＥの保険サービス（ＬＩＮＥほけん）もＬＩＮＥペイで保険料の支払いができます。

送金と送金依頼

プリペイドカードと違ってＬＩＮＥペイでは友だちへの送金ができます。普段ネットで銀行振り込みをするときは、銀行のアカウントにログインして、相手の銀行名、支店名や口座番号を入力しなければなりません。もちろん暗証番号も必要です。

ＬＩＮＥペイではそのアカウントを持っている友だちにはあっけないほど簡単に送金できます。送金できるのはプライベート目的が原則で、会社が事業目的で送金する場合は承諾が必要です。

これまで送金は銀行だけに認められていましたが、資金決済法によって銀行以外の会社でも１００万円以内の送金が可能になったのです。

送金の発展形として友だちから自分への送金を依頼することもできます。その機能を利用しているのが割り勘機能です。割り勘機能で飲み代を集めることができるのはこの送金依頼機能によるものです。割り勘機能を使うには参加者全員がＬＩＮＥペイに入っている必要があります。

ＬＩＮＥペイで友だちに送金すると、ＬＩＮＥのトーク画面には図のようなメッセージが表示されます。つまり送金した人と受け取った人のトーク画面にＬＩＮＥペイが割り込んできてメッセージを送ってきます。これによって送金したことが送り手と受け手の双方に同時に伝わります

銀行振り込みでは夜間や土日にネットバンキングで送金してもすぐには相手の口座には振り込まれず、翌営業日に振り込まれます。ＬＩＮＥペイでは曜日や時間に関係なく、瞬時に相手に送金できます。

LINEペイで送金したとき
LINEのトーク画面イメージ

まとめると、ＬＩＮＥペイには、「チャージ」「決済・送金」「送金依頼」「出金」の機能があります。

表にＬＩＮＥペイとスイカ、銀行口座との違いをまとめました。ＬＩＮＥペイの送金限度は１００万円までですが、銀行口座以上の機能を持っていることになります。

ＬＩＮＥペイの利用者

ＬＩＮＥペイの国内登録者数は２０１７年に３０００万人を超えています。ちなみに三菱ＵＦＪ銀行の個人口座は４０００万件なので、ＬＩＮＥペイはメガバンクに匹敵する顧客基盤を持っていることになります。

しかし私のまわりでＬＩＮＥペイのアカウント

LINE Payとの比較

	LINE Pay	Suica	銀行口座
形態	スマホのアプリ	プリペイドカード	通帳・カード
デポジット	不要	500円	不要
入金	○	○	○
出金	○	×	○
提携先での支払い	○	○	○
送金	○（友だち）	×	○
送金依頼	○（友だち）	×	×

を持っている人はほとんどいません。理由を聞くと「みんながＬＩＮＥペイに入っていないと割り勘機能が使えないから」といった声が聞こえます。

ＬＩＮＥは割り勘機能で銀行振り込みとの差別化や話題性をアピールしたいのかもしれません。しかし割り勘や送金だけのためにＬＩＮＥ友だちになることに抵抗を感じる人がいるかもしれません。

割り勘機能にはネットワーク外部性があります。ネットワーク外部性とは製品やサービスの価値が利用者数に依存していることです。たとえば電子メールは利用者が１人しかいなければ役に立ちません。今では世界中ほとんどの人がインターネットでつながる時代になったので、電子メールの価値が高まっているのです。割り勘機能にも似た特性があり、現状ではそれが利用者拡大への障害になっているといえます。

ほかには、「銀行に比べてＬＩＮＥは信用が劣る」というシビアな見方もあります。ＬＩＮＥはニューヨーク証券取引所（ＮＹＳＥ）に上場しています。ＮＹＳＥは上場の審査が世界で最も厳しいと言われていて、ＮＹＳＥに上場しているというだけで世界一流の信用力を得ることになります。私も前職で勤務先がＮＹＳＥに上場したとき社内ルールがやたら厳しくなり、大変な思いをした記憶があります。

しかし若い人たちにはＮＹＳＥ上場の値打ちがあまり伝わっていないようです。割り勘機能のコマーシャルでも信用力より親しみやすさをアピールしていて、これまでの銀行ユーザーとは違うセグメントをターゲットにしているのかもしれません。

LINEフレンズとLINEペイ

LINEフレンズとはLINEキャラクターを使った文具やぬいぐるみなどのネット通販のサイトで、商品構成を見ると、ディズニーストアやハローキティストアのLINE版のような感じです。リアルな店舗は原宿にあり、仙台店や福岡店は閉店しています。

LINEフレンズのリアル店舗では現金やクレジットカードで買い物ができますが、オンラインショップではLINEペイでしか支払ができません。アマゾンや楽天などのネット通販では、銀行振り込みやクレジット払いなどさまざまな支払い方法が用意されています。それに比べると、LINEフレンズは強気の商売に映ります。

02 新しいお金ビジネスと法律

お父さんの謎解き

ＬＩＮＥペイは「お金」なのか？

ＬＩＮＥペイを始めたお父さんは、「なるほど便利かも」とお気に入りの様子です。

でも、刑事という仕事柄、気になることもあります。

「ＬＩＮＥペイは、犯罪がらみのお金の送金などに使われるのではないか？」

お父さんはスリやドロボーをよく逮捕しています。彼らは盗んだお金をＬＩＮＥペイで送金するかもしれない。そこでＬＩＮＥペイに関する法律などについて調べてみました。

警察にもサイバー犯罪の捜査を担当する部署があり、その担当者ならＬＩＮＥペイの仕組みなどをよく知っているに違いありません。「今から勉強すれば、そういう部署で活躍できるかも。すると家族がもっとリスペクトしてくれるに違いない！」。お父さんは張り切って調べ始めました。

フィンテックと法律

このところＬＩＮＥペイのような送金などのサービスがいろいろと登場しています。その背景には、金融の規制緩和があります。以前は、お金を送ることができるのは金融機関に限られていましたが、金融機関以外の会社でも小口の金融サービスを扱えるようになりました。

事業会社による送金や電子マネーに関してのルールを定めた法律が、２０１０年に施行された資金決済法です。

ＬＩＮＥペイのように、お金に関する新しいサービスはフィンテックと呼ばれています。フィンテックとは金融とＩＴ技術を融合した新しいサービスのことです。資金決済法は、フィンテックビジネスに最も関係が深い法律です。

フィンテックは間口が広くさまざまなビジネスがありますが、本書ではＬＩＮＥとメルカリが手掛けているビジネスを中心に扱います。図は本書で扱う金融ビジネスに関連する法律の関係を簡単に表わしたものです。またそれぞれの法律の目的や内容を表にまとめておきます。さらに詳しい内容については専門書[1]をご覧になるか、法律を直接確認することをお勧めします。

資金決済法

銀行の業務は銀行法で厳しく規定され、免許がないと営業できません。資金決済法によって決済、送金、融資については小規模な範囲で銀行以外の会社でも可能になりました。資金決済法が定めている金融サー

金融ビジネスと法律

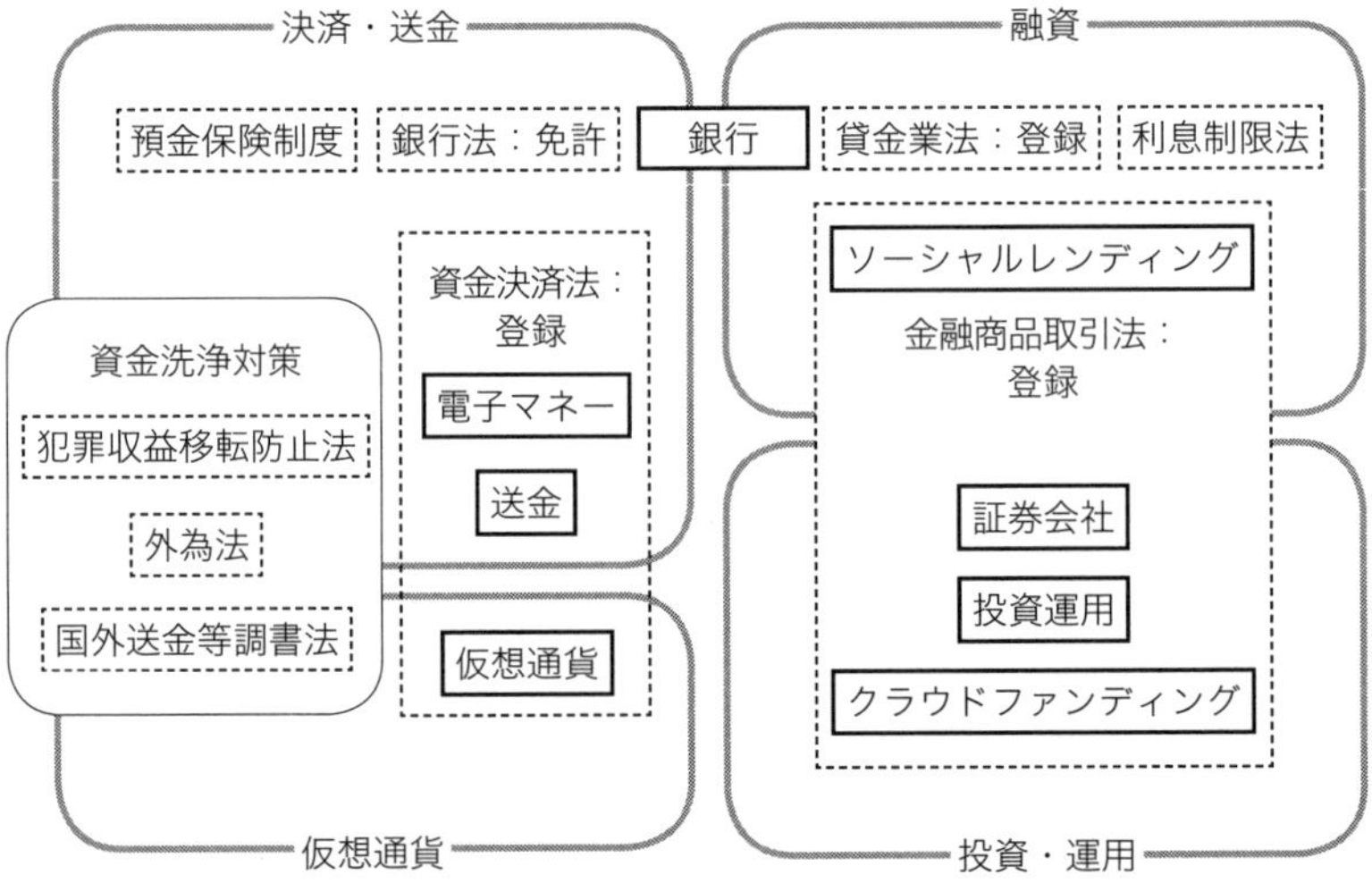

ビスのうち、本書では次の3点を扱います。

（1）資金移動業（送金）
（2）前払式支払手段（プリペイド式の電子マネー）
（3）仮想通貨（ビットコインなど）

為替取引と送金の違い

現金を誰かに送るときは現金輸送車や書留などで直接送る方法と、銀行振り込みで送る方法があります。もちろん銀行振り込みは直接現金が移動しないので、安く早く安心です。

銀行振り込みのように、現金を直接輸送しないで資金を移動させることを為替取引といいます。為替というと外貨取引でよく

金融とフィンテックビジネスに関わる法律

銀行法	預金者保護の確保のため、銀行の業務の運営や業務範囲を規定
資金決済法	利用者保護のため、プリペイド電子マネー、送金、仮想通貨交換業が登録制
金融商品取引法	企業内容等の開示、有価証券の発行と金融商品の取引など
利息制限法	貸付利息の上限を定めたもの
貸金業法	貸金業の登録制度と規制
犯罪収益移転防止法	犯罪による収益の移転防止とテロリズムに対する資金供与の防止
預金保険制度	預金保険法によって、1人当たり預金1000万円までの元本とその利子を保護

使われますが、金融の用語としては銀行振り込みのことを為替取引といいます。たとえば役所に手続きを頼むとき、手数料を定額小為替という証書で郵送することがあります。このときも現金を使わずに送金しているので、「為替」という用語が使われています。

本書では現金輸送や書留を扱わないので、為替取引のことを「送金」ということにします。

送金

送金サービスを業者登録で始められるようになったということは、大きな規制緩和といえます。利用者保護のため、資金決済法とその政令によって以下が定められています。

（1）送金途中の資金の100％以上の資金を法務局に供託する

（2）1回当たりの送金は100万円相当まで

供託金は資金移動業者が預かっているお客の資金を確保する仕組みで、もし業者が倒産しても利用者の資金は守られます。図に資金移動業者による送金の仕組みを簡単に示しました。銀行振り込みと違って、銀行が関わっていないところが最大の特徴です。

銀行業を始めるには銀行免許が必要で、この免許を行うのは金融庁です。一方、資金移動業を始めるには、内閣総理大臣へ資金移動業者の登録が必要です。

ここで免許と登録の違いをクルマの例で考えてみましょう。みなさんが自動車免許をとったときの苦労を思い出してみてください。仮免許をクリアできなくて夜も眠れなかったのではないでしょうか。

そのときの苦労に比べると、クルマを買って運輸局に登録するときは簡単です。ほとんどの人はディーラー任せかもしれません。この比較はかなり大雑把ですけど、免許と登録ではハードルの高さがずいぶん違うのです。

２０１８年11月時点で資金移動業者は63社あり、大手企業としては楽天、ＮＴＴドコモ、ヤフーなどが含まれています。ＬＩＮＥでは子会社のＬＩＮＥペイ社が資金移動業者に登録しています。

資金移動業者による送金

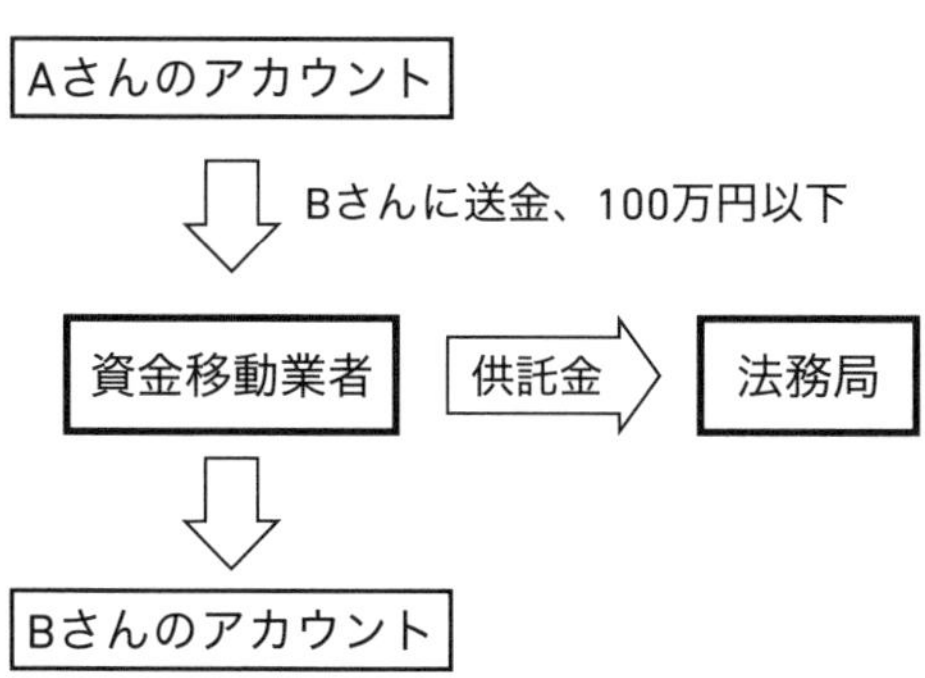

資金洗浄対策

資金洗浄やテロ組織への送金は、国際的な問題になっています。国内の対策として、犯罪による収益の移転防止に関する法律（犯罪収益移転防止法）が２００８年に施行されました。海外送金するときは本人確認などがますます強化されてずいぶん面倒になっています。

とくに仮想通貨は国際送金が簡単なことから資金洗浄に使われやすいので、その取引所では資金洗浄対策についても当局のチェックが行われています。

ＬＩＮＥペイに登録するときも送金したい人は本人確認が必要で、犯罪利用を防ぐ仕組みがとられています。この本人確認は意外と簡単にできるのですが、それについてはのちほど説明します。また資金洗浄（マネーロンダリング）についてはパート４で説明します。

プリペイド電子マネー（前払式支払手段）

電子マネーとはモノやサービスの支払いに使える電子のお金です。たとえばスイカカードはデポジット（５００円）を払って手に入れ、前払いでお金をチャージし、電車賃（サービス）の支払いに使います。駅の売店やコンビニでの買い物もスイカで支払うことができます。わたしたちはスイカを〝現金代わり〟という感覚で使っています。

スイカのようなプリペイド型の電子マネーを資金決済法では前払式支払手段といいます。前払式支払手段には自家型と第三者型があります。自家型とは発行者と使用先が同じもので、社員食堂のプリペイドカードがその例です。

第三者型とは発行者と使用先が別でもよいもののことです。たとえばスイカはＪＲ東日本などが発行していますが、私鉄やコンビニでも使えるので第三者型です。本書では第三者型の前払式支払手段の電子マネーしか扱わないので、これを電子マネーということにします。

電子マネーのわかりやすい定義として、次の3点を満たすものと考えます。[2]

（1）金額や数量が電子的な方法を含め記録されている
（2）それに応じる対価を得ている
（3）物品の購入やサービスの利用に使える

電子マネーを発行する場合は内閣総理大臣への登録が必要です。また電子マネーの残高が1000万円を超えると、その発行者は残高の2分の1以上の供託金を法務局に預ける義務があります。この仕組みによって、電子マネーの発行者が倒産してもチャージしたお金の何割かは返してもらえると期待できます。

資金移動業者に比べて前払式支払手段（第三者型）発行者ははるかに多く、2018年11月時点で961社あります。

　表は送金と電子マネーの違いをまとめたものです。LINEやメルカリの例についてはパート1とパート2で説明します。

スイカを送るとどうなる？

　もしチャージしたスイカを誰かに送ると、これは送金になるのでしょうか、それともモノを送ったにすぎないのでしょうか。使い方によっては資金洗浄になるかもしれません。

　もしスイカにチャージしたお金を払い戻せるなら、受け取った人はそれを現金化できます。スイカにチャージできるのは2万円までですが、これを何枚も送ればまとまった資金の不正送金ができてしまいます。

　このような問題を避けるため資金決済法は「電子マネーは払い戻しできない」と定めています。自由に払い戻しが

送金と電子マネーの扱いの違い

	送金	電子マネー
登録	資金移動業者	前払式支払手段（第三者型）発行者
供託金	100%	50%
例	LINEマネー	LINEキャッシュ LINEゲーム内通貨 メルカリのポイント

できると不正送金に悪用されかねません。また利用者が預金口座と同じように受け止めてしまい、元本の返還が約束されていると期待することを避けるためでもあります。

お金と銀行の役割

ここで、そもそも「お金」とは何かを考えてみましょう。お金の役割は次の3つです。

（1）価値の交換・決済：モノやサービスの対価としてお金と交換する。
（2）価値のものさし（尺度）：モノやサービスの価値を誰にでもわかるように示す。
（3）価値の保存：今使う必要がないとき、将来に使うために貯めておく。

私たちは金銭的な財産の大半を銀行に預けています。そして銀行はめったにつぶれるようなものではなく、預けた預金が減ることはないと信じています。

銀行はこの資産が目減りや流失しないよう、しっかり管理することが求められています。銀行の社会的な責任は事業会社とは比べ物にならないほど重いのです。その責任を個々の銀行だけで果たすのは困難なので、社会的なシステムとして預金保険制度（ペイオフ）ができています。これによって仮に銀行が破綻しても1人当たり1000万円までの預金の元本と利子は保護されています。

何年か前から仮想通貨という言葉を聞くようになりました。「国が支配する通貨は信用できない」「仮想通貨は国に支配されない通貨」などと説明されると、なんだかかっこいいと思うかもしれません。はたして仮想通貨はお金（通貨）なのでしょうか。仮想通貨は通貨としての価値があるのでしょうか。この続きはパート4で考えます。

03 LINEペイのビジネスモデル

お父さんの謎解き

なぜ「キャッシュ」と「マネー」に分かれているのか?

お父さんには、LINEペイを始めたころから気になっていた「謎」がありました。それはLINEペイのビジネスモデルに関係していて、次のようなものでした。

LINEペイのアカウントを作った時点では「LINEキャッシュアカウント」という口座になっています。この口座は本人確認が不要で、銀行やコンビニからお金をチャージできます。入金は10万円までで、提携店での買い物の支払いなどに使えますが、出金はできません。

LINEペイで本人確認をすると、「LINEマネーアカウント」という上位の口座に自動的に切り替わり、入金限度額は100万円に増えます。このとき口座に貯まっているLINEキャッシュは自動的にLINEマネーに変わります。このLINEマネーは送金したり、銀行口座で出金することができます。図はこの関係を表わしています。

なぜこのような区別が必要なのでしょうか。アカウントのタイプが変わったり、LINEキャッシュがLINEマネーに変わること自体はLINEペイのシステムで行われているので、ユーザーはこの違いを意識していません。ほとんどの人は自分の口座がどちらのタイプかを気にしないで使っているはずです。気になる人は、LINEペイの設定画面のアカウントタイプを見るとわかります。本人確認を済ませた人はLINEマネーアカウントになっています。

謎はもう1つあります。LINEペイはLINEアプリの中で使えるサービスなのに、なぜか子会社のLINEペイ社が送金事業を行っていることです。

フィンテックに関連する法律について勉強したお父さんは、この2つの謎を解くことができました。

LINEペイのアカウント

本人確認を行うとLINEマネー口座に切り替わる

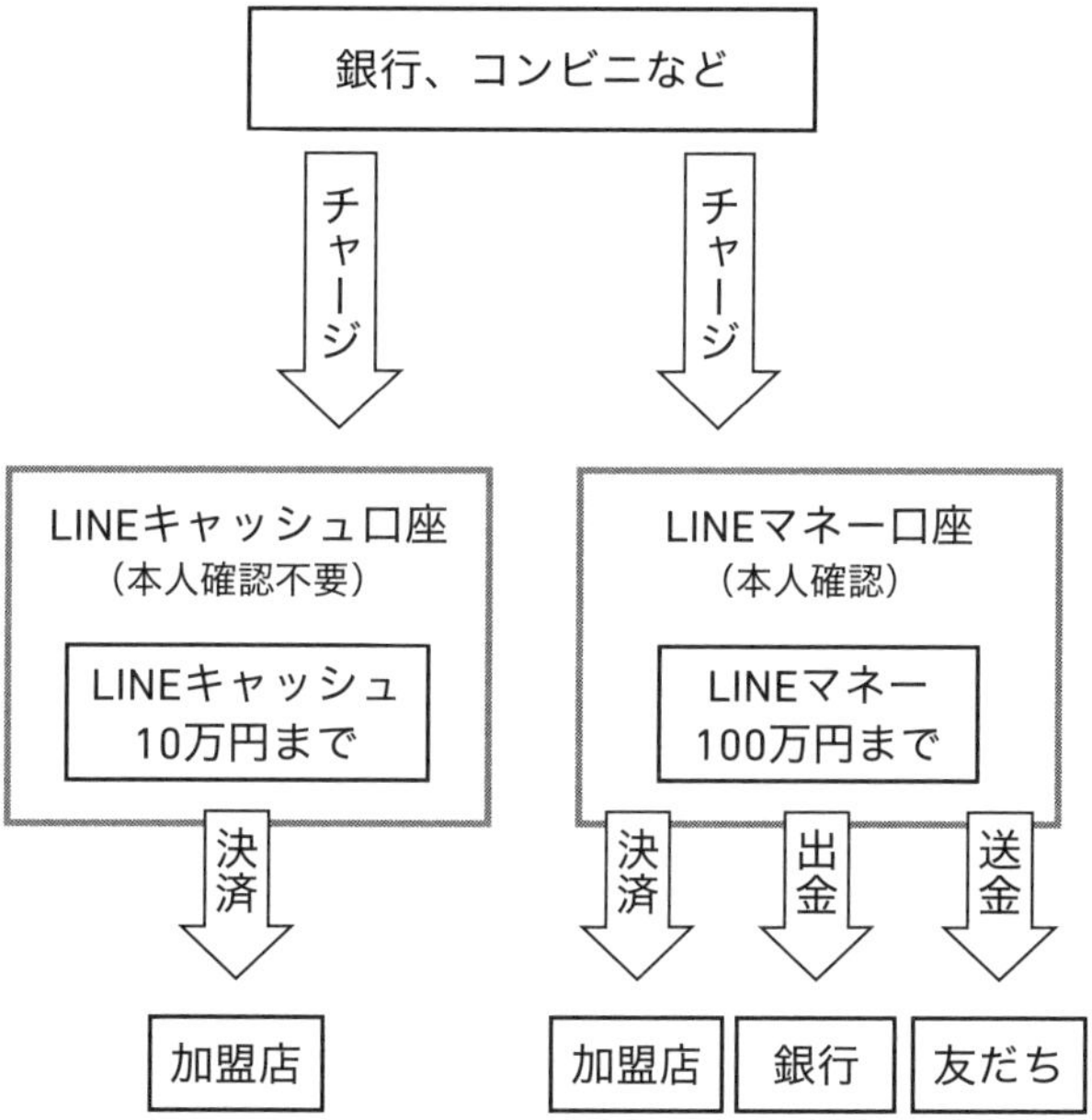

本人確認

ＬＩＮＥペイで友だちに送金できるのは、ＬＩＮＥペイ社が資金決済法で定められた資金移動業者に登録しているからです。この法律が、ＬＩＮＥマネーとＬＩＮＥキャッシュの２つに分かれていることの背景にあります。

ＬＩＮＥペイの本人確認は銀行口座で確認する方法になっています。アプリで銀行名や口座番号などの情報を入力すると本人確認が完了します。身分証写真などが不要なので思ったより簡単です。

それでも本人確認をするのが面倒だと思う人もいるでしょう。だから、まずは口座開設のハードルを下げて、本人確認不要の「ＬＩＮＥキャッシュアカウント」を開いてもらうことにしているのでしょう。前章で電子マネーの説明をしましたが、ＬＩＮＥキャッシュは電子マネーです。

そのうえで他人への送金をしたい人には、本人確認の手続きをして「ＬＩＮＥマネーアカウント」に移行してもらいます。ＬＩＮＥマネーは送金が可能です。「ＬＩＮＥマネーアカウント」は、送金限度額が１００万円までということもあり、どの銀行口座の持ち主からどの銀行口座の持ち主に送金されたかがわかれば、資金洗浄に使われにくいということかと思います。

ユーザー側の使い分け

ＬＩＮＥペイ社が、ＬＩＮＥマネーとＬＩＮＥキャッシュの2つを用意している理由は、ユーザー側の使い分けにも関係しそうです。たとえば、親が子供にお小遣いを渡すときにＬＩＮＥペイを使うとしましょう。送金する親の側は、本人確認をしてＬＩＮＥマネーアカウントにする必要があります。お小遣いをもらう子供は、親からお小遣いを送金してもらって買い物に使うだけなので、本人確認は不要です。銀行口座がなくても、ＬＩＮＥペイでお小遣いをキャッシュレスで受け取れるのです。

供託金の節約

ＬＩＮＥペイ社が、ＬＩＮＥマネーとＬＩＮＥキャッシュの2つを用意している理由は、ほかにもありそうです。

前章で説明したように、資金移動業者は送金途中の資金の１００％以上の供託金を納めなければなりませんが、プリペイド電子マネーの場合は預かっている残高の50％以上の供託金で済みます。つまりユーザーから預かっている財産は電子マネーの形になっていたほうが、供託金を節約できるのです。

ＬＩＮＥペイにチャージしたお金はすべてが送金目的のお金ではありません。加盟店での買い物や支払いのためにチャージしている場合があるからです。LINE社としては送金途中のお金とそれ以外のお金をはっきりと区別したほうが供託金を節約できて、会社の資金繰りが助かります。

LINEキャッシュアカウントにチャージされているお金はLINEキャッシュのままです。これは送金目的のお金ではなく、電子マネーです。したがってLINEキャッシュの残高の半額を供託すれば済みます。

LINEマネーは送金できるお金なので、これの残高相当の供託金を納める必要があります。供託金は全体で図のようになります。

この解釈はLINE社の意図とは違うかもしれませんが、供託金を節約するビジネスモデルといえます。

LINEペイの供託金のイメージ

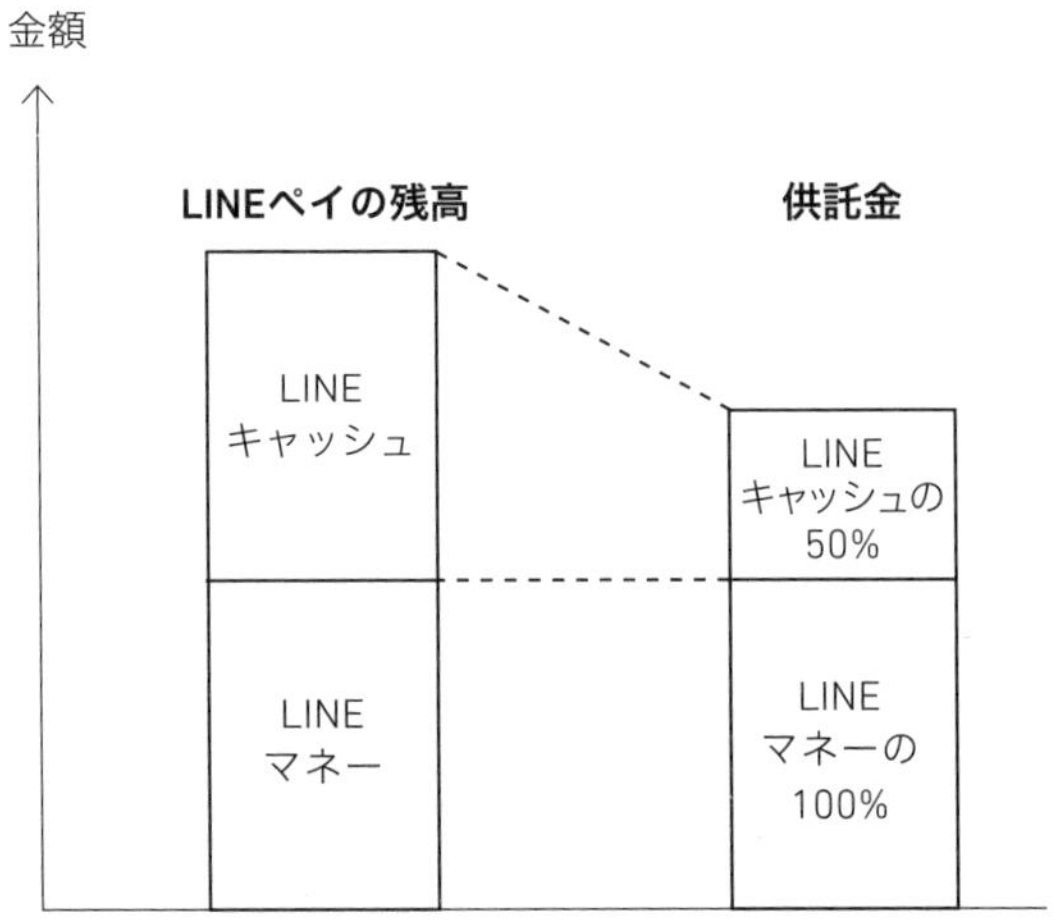

また資金移動業者の登録を受けるためには、ＩＴ企業であるＬＩＮＥ本社で登録するよりも、金融サービスに特化したＬＩＮＥペイ社で登録するほうが管理体制を高度化しやすく現実的です。

ＬＩＮＥ送金を資金決済法との関係で見ると、このような新しいアイデアが組み込まれていて、フィンテックビジネスの事例として興味深いモデルになっています。そしてＬＩＮＥペイは舞台裏で資金決済法をうまくクリアし、ユーザーがフィンテックのハードルの高さを感じることなく利用できる仕組みになっているのです。

ＬＩＮＥマネーとにしんの干物

お父さん刑事は北海道の出身なので、ＬＩＮＥペイの仕組みから、にしんの話を思い出しました。江戸・明治時代の話ですが、当時は北海道や東北で獲れたにしんは「身欠きにしん」（干物）になり、北前船で各地に送られていました。身欠きにしんは煮て戻すと柔らかくなり、貴重な食材として重宝されていました。にしんそばは京都発祥の料理として有名です。

生のニシンは輸送に不向きですが、干物にすると遠くまで輸送できます。お父さんは「ＬＩＮＥマネーはニシンの干物で、ＬＩＮＥペイ社は北前船のようなもの」という理解で納得したのです。

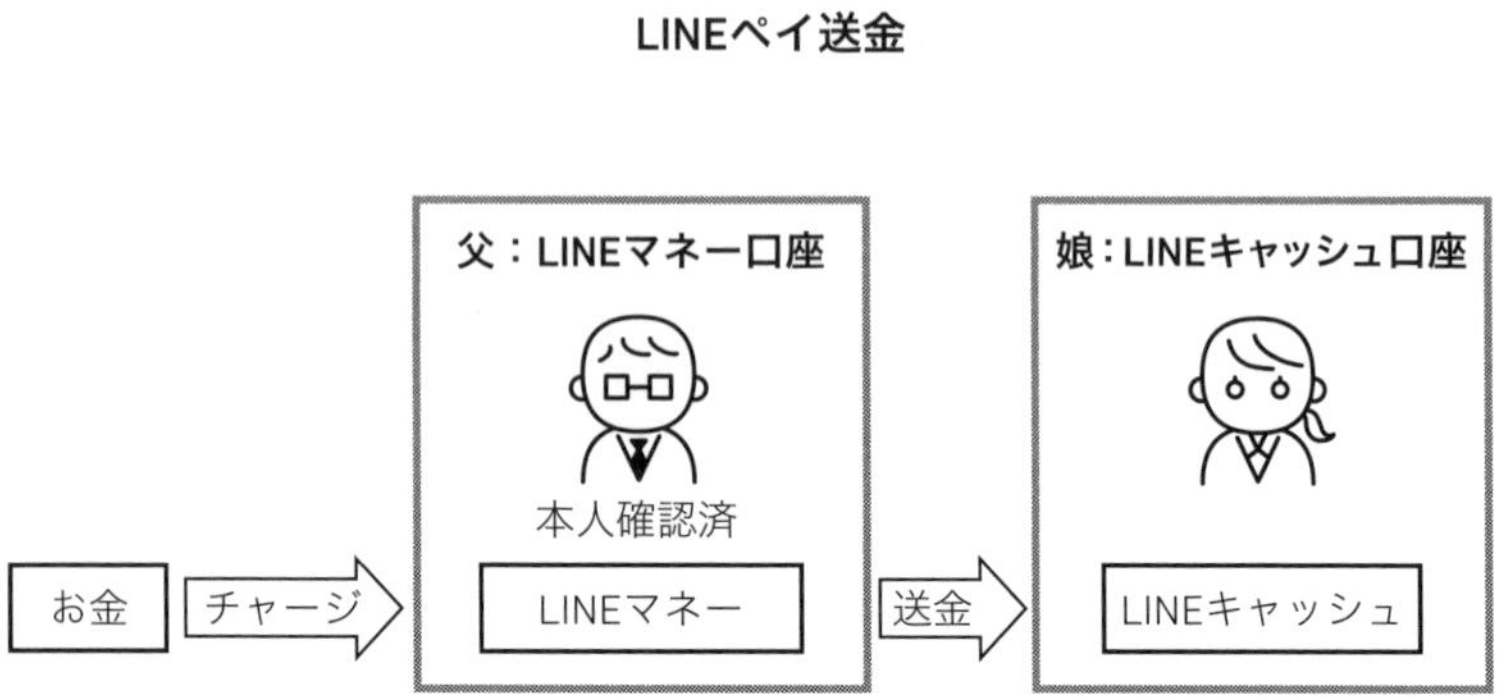
LINEペイ送金
父：LINEマネー口座
本人確認済
お金
チャージ
LINEマネー
送金
娘：LINEキャッシュ口座
LINEキャッシュ

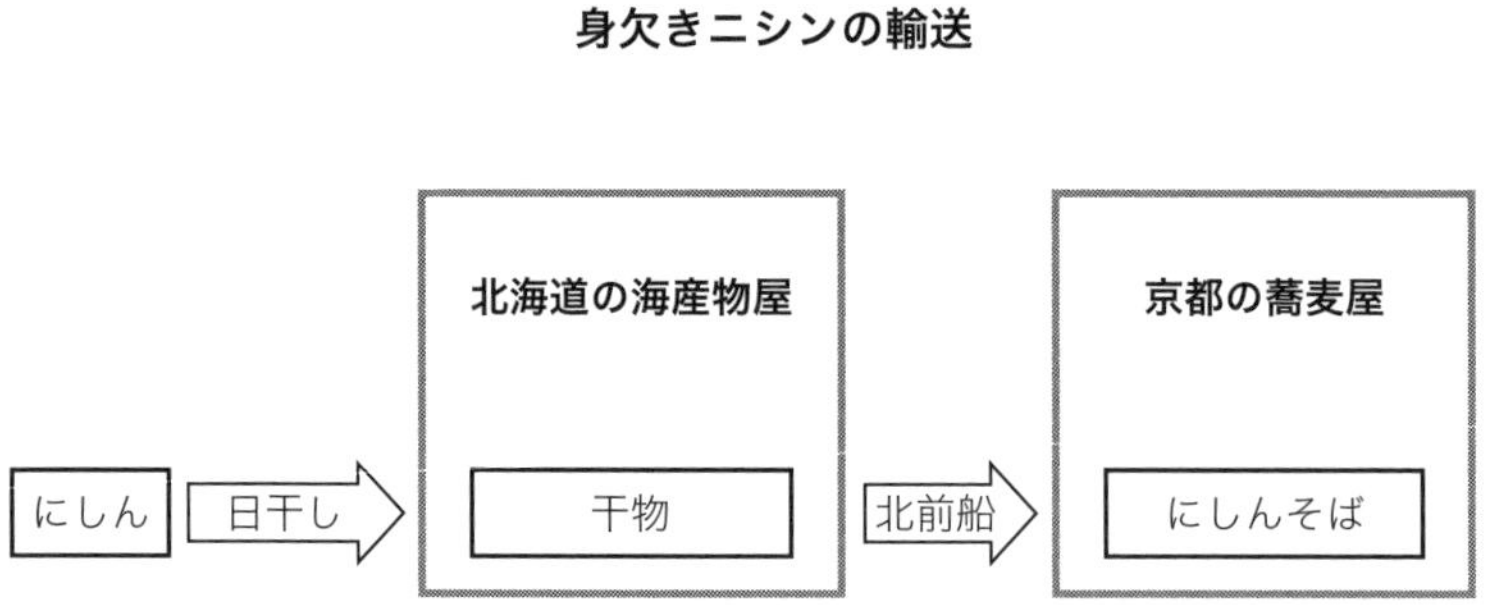
身欠きニシンの輸送
北海道の海産物屋
京都の蕎麦屋
にしん
日干し
干物
北前船
にしんそば

04 日本のキャッシュレス化

お父さんの謎解き

現金を持たずに暮らせるようになるのか？

お父さんはＬＩＮＥペイを使うようになってから、昔捕まえたスリやドロボーの顔がときどき浮かびます。ＬＩＮＥペイのようなキャッシュレス決済が普及して、みんなが現金を持たなくなったら、スリやドロボーは「仕事がなくなる」と思うからです。

でも、お父さんは、そこで重大な問題に気づきました。「スリやドロボーがいなくなったら、俺の仕事もなくなる？」。これは他人事ではないので、お父さんもＩＴの勉強をしておいたほうがよいかもしれません。

日本政府はいまキャッシュレス化を推進しています。2019年秋の消費税率の引き上げに合わせて、キャッシュレス決済を利用した人には、引き上げた消費税分のポイントを還元する案が検討されています。このような特典の効果で、一気にキャッシュレス化が進むのでしょうか?

お父さんは自分のポジションがじり貧になるかもしれないので、気になっています。

キャッシュレス決済

キャッシュレス決済とは現金を使わないで支払う方法のことです。クレジットカードやデビットカード、スイカなどがこれまでに使われてきました。スイカはスマホでも使え、モバイル決済の代表的な例です。

私はスマホをピッとやって駅の改札機を通るので、モバイルスイカを使っているように見えるかもしれません。じつはスマホのケースにスイカカードを入れているだけです。この方式の人は少なくないと思います。電池切れや通信障害のリスクを考えると、スマホに定期の機能を持たせるのは勇気がいるからです。

スイカは機械を通さずタッチするだけです。これは非接触型ICカードといいますが、私たちはこのような用語を知らなくても使えています。これにはFeliCaという日本独自の規格が使われています。世界標準はＮＦＣ（Near field communication、近距離無線通信）という規格です。ＮＦＣ方式は外国人観光客が使えるので、最近ではマクドナルドやローソンなど国内でも拡がり始めています。

そしてキャッシュレス決済の新しい方式として最近注目されているのがＱＲコード決済です。これはスマホを使ってＱＲコードを読み取ることによって支払いができるという決済サービスで、中国で爆発的に普及しました。日本でもＬＩＮＥ社をはじめとしてＱＲコード決済のサービスに乗り出す企業が続々と登場しています。詳しくは後述します。

中国のキャッシュレス化

経済産業省の資料[3]によると、韓国や中国はキャッシュレス決済の普及が進んでいて、キャッシュレス決済比率はそれぞれ89％、60％です。韓国ではクレジットカード決済の利用額の20％を所得控除するといった政策でクレジットカード利用を促進した結果、キャッシュレス化が進みました。

中国では偽札や脱税などの問題があったことから、キャッシュレス化を推進してきました。これに伴って銀聯カードは中国人旅行客の爆買いに使われたカードとして有名です。これはほとんどがデビットカードとのことです。銀聯カードの中国国内取扱高は2017年に1000兆円を超え、国民的な財布になっています。

中国のキャッシュレス化をさらに加速したのがQRコード決済でした。アリババが運営するアリペイ、テンセントが運営するウィーチャットペイが2大勢力です。それぞれのユーザー数は軽く5億人を超えており、中国のキャッシュレス化に貢献しています。

なぜ日本は現金主義なのか?

日本では、オフィス街のランチ時、コンビニのレジはお弁当を買う客で大行列です。店員はお弁当を温めたりポイントを付けたり、テキパキと仕事をこなしていますが、行列はなかなか前に進みません。ほとんどの人が財布から小銭を出したり数えたり、さらに店員がお釣りを用意するのに時間がかかっています。

コンビニではスイカなどの電子マネーだけでなく、LINEペイや楽天ペイなどのQRコード決済も使えるところがありますが、それほど利用されていないようです。

キャッシュレス決済比率はカナダや英国などでも50%以上ありますが、日本はまだ18%です。[3]国によって統計の取り方が違い、日本の統計では銀行送金が含まれていないということもありますが、日本はキャッシュレス決済の普及が遅れていることはたしかです。政府は6年後（2025年）のキャッシュレス決済比率で4割程度を目指すとしています。

日本でキャッシュレス化が遅れている背景には、治安がよく、現金を盗られるリスクが低いことがあります。また偽札が少なく、お札がきれいだということも挙げられます。たしかに偽札の多い国では現金への信頼が持てませんし、お札が汚いとあまり触りたくないと思います。

また日本ではATMが発達していて、ATMがお財布代わりになっていることも背景の1つです。

また、キャッシュレス決済は使用記録が残るので、ユーザーにとってはプライバシーを覗かれているような不安があり、これがキャッシュレス化を遅らせている一因ともいわれています。

もし交通違反でキップを切られても、その場で反則金をスマホ決済できればずいぶん楽です。しかし、役所や学校などの公的な施設では現金決済が主流になっているので、政府がいくらキャッシュレス化の旗を振っても本気度が国民に伝わりません。郵便局はようやく2020年にキャッシュレス化を導入し始めるようです。

お店にとってのキャッシュレス化のメリット

現金を扱うことには意外と手間と神経を使います。小売店では釣り銭を準備するため銀行で小銭に両替してもらうことがあります。また会計のたびに現金を数え、お釣りを間違えないようにしなくてはなりません。毎日、売上の金額と現金の残高が合うかをチェックし、売上金を金庫に保管するか、銀行に預けるかします。

経済産業省の資料[3]によると、現金の取り扱いに関するコストは年間8兆円もかかっているとのことです。

また訪日観光客の4割が日本で現金しか使えないことに不満を持っていて、それによる機会損失は1・2兆円と推定されています。

日本は少子高齢化と労働者人口減の時代を迎え、キャッシュレス化によって生産性を高めることは国の重要課題になっているのです。

お店側のキャッシュレス化の負担

お店がクレジットカードやスイカなどを導入するには、読み取り端末を仕入れるコストがかかります。また、お客さんが支払う金額の3〜5%程度の決済手数料を取られます。この負担はお店にとってかなり大きなものです。このためクレジットカードやスイカなどの電子マネー決済は、大手のチェーン店には普及していますが、個人経営の店舗まで広がっていません。

クレジットカードが使えないとお客さんを逃がしてしまうので、仕方なくクレジットカードを利用できるようにしているお店も多いと思いますが、大手チェーンでも決済手数料の負担を嫌って、キャッシュレス決済を利用しないところがあります。たとえばサイゼリヤではクレジットカードや電子マネーは使えません。

この課題を解決するキャッシュレス決済サービスとして期待されているのが、次章で取り上げるＱＲコード決済です。

また、キャッシュレス化が進むと、お店側には、利用者の購買データを分析してサービスを向上できるメリットもあると言われます。とはいってもそれができるのは大手企業であり、個人経営の小売店にデータ分析する体力があるとは思えません。

05 QRコード決済

お父さんの謎解き

QRコード決済のメリットは何か？

ある夜、家のお酒を切らしたお父さんは、近くのローソンにお酒を買いに行きました。代金は全部で2000円ほどでしたが、財布の中はなんと1000円札が1枚しかありません。思わぬピンチにもお父さんは落ち着いていました。店内のATMで1万円をおろして、支払えたからです。

ところが、その話をお母さんにしたら、「じゃあ、ATM手数料を払ったのね。なんともったいない！」とダメ出しされただけでなく、「LINEペイで払えば、ポイントもついたのに」と言われてしまいました。

お父さんは、ＬＩＮＥペイがローソンで使えることを知りませんでした。昔からの習慣で、お財布の中の現金が足りないときには、ＡＴＭで引き出して支払うというクセが抜けてないのです。

ＬＩＮＥペイには、加盟店での支払い機能があり、これはＱＲコード決済を使う決済サービスです。そしてクレジットカードのようにポイントもつきます。

何度もこのようなことを繰り返していると差額がばかになりません。

反省したお父さんは、ＱＲコード決済のメリットについて調べてみました。するとＱＲコード決済のサービスを普及させるために、多くの会社がいろいろな特典を用意していることがわかりました。消費税導入時の税制優遇の話も議論されています。

ＱＲコード決済の利点

前章でも触れましたが、キャッシュレス化を推し進めたい政府が期待しているのはＱＲコード決済です。これは買い物や飲食店での会計でＱＲコードとスマホをかざして支払うものです。

小売店はスマホやタブレットのアプリで加盟申請すれば導入できるので、端末の導入コストがかかりません。個人経営の小売店でも導入可能なキャッシュレス決済として期待されているのです。

ＱＲコード決済にはいろいろな方式があります。楽天ペイではお店側のＱＲコードをスマホで読み取る方式と、スマホにＱＲコードを表示する2つの方法があります。

ＬＩＮＥペイはスマホにＱＲコードを表示する方式で、ＱＲコード決済では3〜5％程度のポイントが付きます。これも利用促進策の1つですが、利用はそれほど広まっていないように思います。

私はフォアキャスト（パート4で説明）で稼いだＬＩＮＥポイントを使うべく、コンビニのＱＲコード決済にデビューしました。

ＱＲコード決済はスマホのアプリを立ち上げるのが面倒だといわれていますが、ＬＩＮＥペイではＱＲコードのショートカットがあるので、これをクリックしてＬＩＮＥのパスワードとＬＩＮＥペイのパスワードを入力するとＱＲコードが表示されます。決済そのものはお店のリーダーが一瞬に読み取るので、クレジット払いよりも速いです。ＱＲコード表示はレジの列に並んでいるときに準備しておけばよいので、そのような購買スタイルが定着するかどうかといったところでしょうか。税制優遇があればより積極的に使うかもしれません。

キャッシュレス決済のポイント還元

税制優遇策の話題としては、2019年10月の消費増税対策としてキャッシュレス決済時のポイント還元が政府で検討されています。[4] 還元率は中小店で5%、大手企業のフランチャイズチェーン店では2%になりそうです。

わかりにくいという声もありますが、キャッシュレス化の遅れている中小店にインセンティブを与える制度と考えられます。消費増税とキャッシュレス化を同時に進めることができれば政府にとって一石二鳥です。

ポイントの還元期間は2020年6月までのようです。7~8月は東京オリンピックによって消費が盛り上がるでしょうから、増税ショックを和らげる効果はある程度期待できます。その後の消費の落ち込みや、オリンピックバブルによる不動産価格の下落などが次の課題になるのでしょう。

お父さんの謎解き

キャッシュレス利用者は何にひかれるのか？

今日はお父さんとお母さんが珍しくお揃いで買い物です。お母さん念願のＡＩスチーム電子レンジをついに買うことになったからです。ＡＩとＩｏＴによって、話すだけで電子レンジを扱えるというのが売りです。料理のバリエーションが増えるという理屈でお父さんを納得させました。しかし本音はインスタグラムに投稿する料理の盛り付けにもっと手間をかけたいので、料理そのものの手間を省きたいという魂胆です。

お目当てのレンジは7万円で、セール中はポイントが15％還元されるというチラシにつられてやって来ました。会計をクレジット払いにしようとしたら、店員から「クレジット払いのときは、ポイントが5％になります」と言われてしまいました。チラシを見直すと、たしかに「現金払いのみ15％還元」と書いてあります。2人の持ち合わせではちょっと足りないので、お父さんはがっかりです。

しかし、お母さんは動じません。こういうピンチでのすご技を知っているからです。「ではデビットでお願いします」と言って銀行のキャッシュカードを店員に渡しました。

デビット払いでは代金が銀行口座から直接引き落とされます。これは現金払いと同じ扱いになるので、ポイントもしっかり15%いただけるという荒技です。お店にとっても現金を数えたり、保管して銀行に運ぶという手間が省けるので助かるのです。

お父さんはデビットカードのことは聞いたことがありますが、意味がよくわからないので使ったことがありません。銀行のキャッシュカードがデビットカードだったのかということを知って、ちょっと目が覚めました。

しかし、お父さんは帰り道に考えました。「デビットカードは便利なのに、それほど使われていないのはなぜか?」「QRコード決済も、それほど普及しないのかも?」「キャッシュレス普及の決め手は何か?」。お父さんは帰宅してから調べてみました。

ポイント還元率が低い

日本でデビットカードがそれほど使われていない理由の1つは、クレジットカードのようなポイントがつかなかったことが一因とされます。最近はポイント還元するカードが増えていますが、クレジットカードより低い0・5%程度が一般的です。だからクレジットカードを持っている人は、ポイントを貯めることを重視して、デビットカードよりもクレジットカードを使うことが多いようです。

また、クレジットカードは後払い方式なので、買い物する時点で銀行口座の残高が足りなくても大丈夫です。そういう理由から、消費者にとってはデビットカードよりもクレジットカードを使うことが多いと思われます。


こう考えると、キャッシュレス化の勝負の行方を左右する要因は、①ユーザーに対するポイント還元などの充実、②お店に対する決済手数料の引き下げ――ということだということがわかります。

キャッシュレス化のレース

ＬＩＮＥペイは導入店舗を増やすため、２０１８年８月から３年間、ＱＲコード決済での決済手数料を無料化しています。

そのほかにも決済手数料の無料化を打ち出している会社もあります。たとえばソフトバンクとヤフーの共同出資で運営されているスマホ決済のペイペイは２０１８年12月のスタートとともに、ユーザーへの還元率が20％で、店側の手数料が３年間無料という驚きのキャンペーンを展開しました。

銀行もキャッシュカードのデビット機能をスマホアプリに持たせるようです。普段の銀行口座を使うとチャージ不要なので便利です。だから主力になる可能性が高いのですが、サービス開始はまだ先です。

ＱＲコード決済で先行している中国企業との提携も盛んです。ＬＩＮＥはテンセントが運営するウィーチャットペイと、ペイペイはアリババが運営するアリペイと提携しました。日本を訪れる中国人観光客によく利用されるお店を加盟店として取り込むことが狙いだと思われます。

私たちは何種類もの決済アプリを使い分けるという面倒なことはしたくないので、選ばれるサイフは1つか2つでしょう。ＬＩＮＥなどの異業種参入組が先行してシェアを固めるか、後発の銀行組が本業力を武器に追い上げるか、熱いレースが始まっているのです。

ＬＩＮＥとみずほ銀行が共同で新銀行設立

キャッシュレス化ではＬＩＮＥと銀行はライバル関係ですが、協力関係も始まっています。ＬＩＮＥ社はみずほ銀行との共同出資で新銀行を作ることを発表しました。[5] ＬＩＮＥのサービスとみずほ銀行の金融ビジネスのノウハウを組み合わせることで、より便利な金融サービスが始まることになります。

しかし日本経済新聞によると、この話はそれほど簡単ではないようです。[6] 銀行ビジネスは規制が厳しいので、それに対応するための管理コストはＩＴ企業とはレベル感が違います。つまり新銀行がビジネスとして成立するかは疑問なのです。また銀行側にとっては自身のビジネスと共食いになるリスクがあります。

課題は少なくありませんが、この提携からは銀行も変わろうとしているように映ります。

06 LINEの収益構造

娘の謎解き

LINEはどこで儲けているのか？

就活中の娘はLINE社に興味があります。テレビのバラエティ番組で「LINEオフィスに潜入！」というのをみたからです。オフィスにはLINEキャラクターの大きな人形があちこちに飾られていて、とても楽しそうでした。それに眺めのよい社員食堂がおしゃれで、夢のようなランチタイムになりそうです。

娘はLINEオフィスでバリバリと働く自分の姿を想像して、なんだかファイトが湧いてきました。

しかしＬＩＮＥ社はしっかり儲かっているのでしょうか。娘は大学のビジネス研究サークルの友人に解説してもらいました。

ＬＩＮＥ社の成長

ＬＩＮＥ社は韓国企業ＮＡＶＥＲの子会社「ハンゲームジャパン」として２０００年に設立され、オンラインゲーム事業を始めました。その後２０１１年にコミュニケーション・アプリのＬＩＮＥをスタートし、２０１３年にはＬＩＮＥに社名を変更しました。

その後ＬＩＮＥアプリはアジア中心に世界２３０以上の国・地域に拡がり、月間アクティブユーザーは２０１５年に2億人を超えました。ＬＩＮＥアプリの利用者が増え、ＬＩＮＥ社は強大な顧客基盤をもとにさまざまな事業展開を進めています。

ＬＩＮＥはどうやって儲けようとしている？

ＬＩＮＥアプリは無料で使えます。ではＬＩＮＥ社は何で稼いでいるのでしょうか。主なものは「広告」「スタンプ」「ゲーム」などです。

ＬＩＮＥ社の売上トレンドを分野別に見るため、直近３か年の売上をグラフにまとめました。

LINE社の事業別売り上げの推移

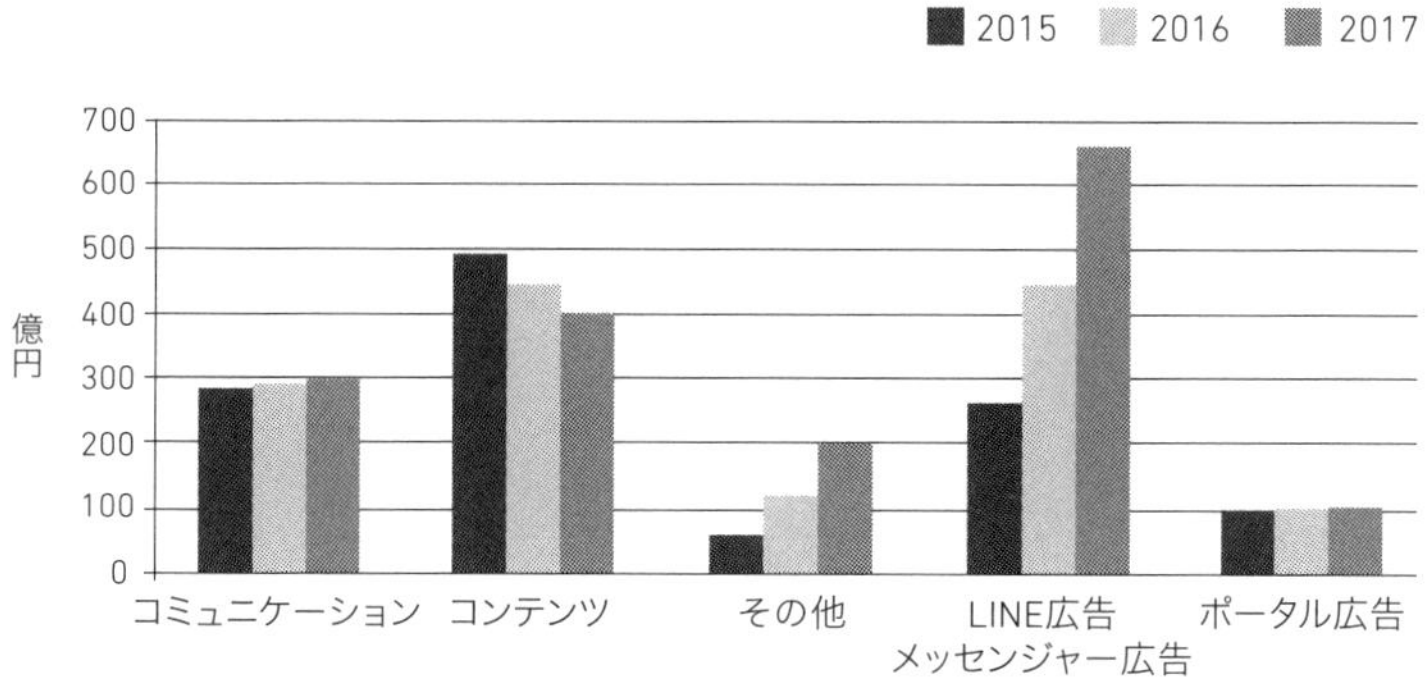

	2015	2016	2017	主なビジネス
コミュニケーション	287	293	302	LINEスタンプ
コンテンツ	493	448	401	LINEゲームなど
その他	60	119	202	LINEフレンズサービス
LINE広告 メッセンジャー広告	265	445	661	LINE公式アカウント、 LINEスポンサードスタンプ
ポータル広告	99	102	104	NAVERまとめなど

（億円）

データ元：LINE：新規上場申請のための有価証券報告書（Ⅰの部） 2016
LINE：有価証券報告書　2017年12月期

これを見るとスタンプ売上（コミュニケーション）は横ばいで、広告収入が増えていることがわかります。

また2018年の第1四半期だけで、広告収入が約250億円もあるので、年間ベースの広告収入は1000億円規模になりそうです。LINEの広告は大手の広告会社並みの存在感があるといえます。

若者のテレビ離れとSNSシフトは、広告メディアの勢力図を大きく変えています。LINEユーザーの拡がりから、企業側もLINE広告を重要な広告メディアに位置づけています。広告を出したい企業は、ユーザーが使いたくなるようなスタンプを揃えることが重要な課題になっています。これはいままでのネット広告にはなかったスタイルです。企業がLINE目線の広告戦略を打ち始めたことはLINEビジネスの大きな社会インパクトといえるでしょう。

ちなみにLINEスタンプの制作で、イラストレーターの仕事や求人が増えています。美大を卒業しても画家として食べていける人はほんのわずかで、イラストレーターの仕事も少ないのが実状です。その意味で、LINEアプリは従来のSNSにはなかった新しい雇用を生み出しました。

LINE社のビジネス展開

2000	ハンゲームジャパン設立
2011	コミュニケーション・アプリ　LINE
2012	ゲーム　LINEポップ
2013	社名をLINEに変更 海外事業子会社　LINE Plus LINEマンガ
2014	音楽配信　LINE Music LINE Book Distribution モバイル送金・決済サービス　LINEペイ
2015	LINEバイト
2016	東証1部、NY上場 クラウドファンディング　ENjiNE
2017	スマートスピーカー　Clova
2018	投資信託　FOLIO 仮想通貨交換　BITBOX 保険　　LINEほけん

データ元:LINE社HPなど

また、ＬＩＮＥ社は分散型アプリケーション（ＤＡｐｐｓ）や金融ビジネスへの展開などで、さらに新しい収益源を開拓しています。これについてはパート３とパート４で考えます。そしてスマートスピーカーも展開しています。

すべてが順調というわけではなく、２０１３年に開始したフリマアプリのＬＩＮＥモールは２０１６年に撤退しています。このビジネスはメルカリが圧勝したからでしょう。

ＬＩＮＥのＩＰＯ

ＩＰＯとはInitial Public Offeringの略で、日本語では新規株式公開といいます。これは未上場の会社が株式を公開して、一般の投資家が株式市場で売買できるようにすることです。国内では金融商品取引法によって、ＩＰＯ時に監査法人による財務諸表の監査が必要です。これによって上場時の財務内容について信頼性を確保しています。

仮想通貨による資金調達（ＩＣＯ）ではこのような監査が不要です。ＩＣＯについてはパート３で説明します。ＩＰＯとＩＣＯはネーミングや目的が似ているとはいえ、信頼性の意味ではまったく違うものです。

ＬＩＮＥ社は２０１６年にニューヨーク証券取引所（ＮＹＳＥ）と東京証券取引所（東証）１部に上場しました。ＬＩＮＥ社の資料[7]によるとＩＰＯの目的は「米国上場で海外の知名度を高め、調達した資金で利用者の獲得を一気に進める戦略」とのことです。

ＬＩＮＥ社は新興企業ですがＬＩＮＥアプリで膨大な個人情報を扱い、ＬＩＮＥペイで金融ビジネスに参入しています。ＮＹＳＥ上場によって会社の信用力をアピールすることも重要な戦略といえるでしょう。しかしＬＩＮＥユーザーの若い人たちにＮＹＳＥ上場の威光が輝いてみえるかどうかはわかりません。

以前は、グローバル企業にとっては海外上場が当たり前の時代がありました。しかしインターネットの発達によって証券市場がグローバル化し、海外上場が不要な時代に変わってきたのです。最近ではＮＴＴドコモ、パナソニック、日立製作所などが

LINEのIPO

公募株式数	約4025万株 公募:約3500万株 売出:約525万株
上場時発行済株式数	2億999万株
公開価格	3300円
上場日　東証	2016/7/15（NYSE:7/14）
初値	4900円
時価総額（公開時）	6930億円
上場初値での時価総額	1兆290億円
IPOの目的	米国上場で海外の知名度を高め、利用者の獲得を進める

ＮＹ上場を廃止しました。
ＬＩＮＥのＩＰＯを表にまとめておきます。[7,8] 公開時での時価総額は約７０００億円、上場初値ベースでは時価総額１兆円の企業が生まれたことになります。

幻ではなくなったユニコーン

株式市場のニュースなどでユニコーン（一角獣）という言葉をときどき聞きます。これは未上場で企業価値が10億ドル以上のベンチャー企業のことを言います。１ドル＝１１０円とすると10億ドルは約１１００億円で、国内では１０００億円以上の企業をユニコーンと呼んでいます。

ユニコーンは、噂には聞くけど見たことがないという意味で使われていて、ユニコーン企業はめったに現れません。日本のユニコーンといえば、ＬＩＮＥ社やメルカリ社です。公開価格でＬＩＮＥ社の時価総額は約７０００億円、メルカリ社は約４０００億円ですから、２社とも立派なユニコーンでした。

一方、米国や中国ではユニコーンが急増しています。日本経済新聞[9]によると、この３年間で米国のユニコーンは約１２０社、中国では約70社もあり、国内ではＡＩのプリファードネットワークス１社のみとしています。なかでも中国のバイトダンス社の時価総額は８兆円以上とみられ、美団点評は上場時の時価総額が5兆7000億円ですから日本育ちのユニコーンとは桁違いの大きさです。

この記事から主な中国ユニコーン企業を表にまとめました。フィンテックやAI、ドローンなどの新分野での成長が目覚ましいことがわかります。

フィンテックで新しい未来がやってくるといわれても、あまりピンとこない人が多いのではないでしょうか。米国や中国ではフィンテック企業のユニコーンが続々と生まれているので、新しい雇用やサービスが拡がっているのは確かです。これは中国に行ったほうが実感できるのかもしれません。

中国の主なユニコーン

バイトダンス	動画投稿サイトのTikTokを運営
美団点評 (メイチュアン・ディアンピン)※	料理配送サービス、飲食店口コミサイト「大衆点評」
bilibili(ビリビリ)※	動画配信サービス
小米(シャオミ)※	スマートフォン
上海蔚来汽車(NIO)※	電気自動車
滴滴出行(Didi)	配車サービス
陸金所(Lufax)	個人間のお金の貸し借りを仲介
大疆創新科技(DJI)	ドローン開発
アント・フィナンシャル	電子決済
UBテックロボティクス	ロボット開発

※:2018年10月時点で上場済み

07 SNSユーザーの属性

お父さんの謎解き

なぜ娘はLINE派なのか？

お父さんはLINEペイを使うようになって、警察の同僚とはLINEの友だちになりました。でも、付き合いがよくないほうなので、ほかにはまったく友だちがいません。お母さんからの誘いを断っていたこともあり、お母さんに友だちになってもらうのは抵抗がありました。

内心では娘と友だちになりたかったので、娘にこう持ちかけました。「現金を持っていると無くしたりするので、これからお小遣いはLINEペイで渡すことにする。だからＬＩＮＥペイに登録しなさい」とやや強気のメールを送ったのです。

娘は背に腹は代えられないので、「ＬＩＮＥペイに入ったよ」とメールしてきました。お父さんは「ＬＩＮＥの友だちにしか送金できないから、友だちになってくれないかな」と今度は腰を低くして返信しました。娘はしかたなくお父さんとＬＩＮＥ友だちになりました。


娘にとって、ＬＩＮＥは仲の良い友だちとするものです。お母さんとは仲良しだからいいのですが、口うるさいお父さんとＬＩＮＥをする気にはなれません。

お父さんはフェイスブックを使っていますが、娘はフェイスブックをしていません。ＬＩＮＥペイを使うように要求してきた女性刑事も、フェイスブックはやっていなくて、ＬＩＮＥだけだそうです。彼女曰く、若い人がフェイスブックをしないのは「親に見られたくないから」だそうです。

軽くショックを受けたお父さんは、それぞれの利用者の年齢構成や使い方について調べてみました。

SNSのユーザーイメージ

ツイッターは若者、フェイスブックは中高年が利用しているという話をよく聞きます。私の実感としてもフェイスブックは50～60代の利用者が多い気がします。しかしこれは自分の歳に近い友だちが多いことの裏返しかもしれません。

総務省の資料[10]に国内ユーザーの年齢別男女別の属性が調査されているので、これをみてみましょう。２０１６年ではＬＩＮＥの利用率は67％、フェイスブックとツイッターがそれぞれ32・３％、27・５％と続いています。ＬＩＮＥが独り勝ちになったのはＳＮＳ的な利用というよりメール代わりに使われているからだと思います。

次に同資料の年代別、男女別利用率を比較しやすいようにグラフにまとめました。これを見ると私たちが感じているような結果が現れています。

ツイッターは20代以下の若者の利用率が目立って高く、女性の利用率のほうが高いことがわかります。

フェイスブックは20～30代のユーザーが多く、ツイッターより10歳ほど高めの年齢層に利用され、女性の利用率がやや高いことがわかります。また50代と60代男性ではそれぞれツイッターの2倍、3倍以上の利用率があります。フェイスブックがシニアに好まれている理由は同窓の付き合いの復活や名前がわかる安心感でしょうか。

SNSのユーザー分布

データ元：総務省平成29年度版情報通信白書　SNSがスマホ利用の中心に
サンプル数：1500人

LINE

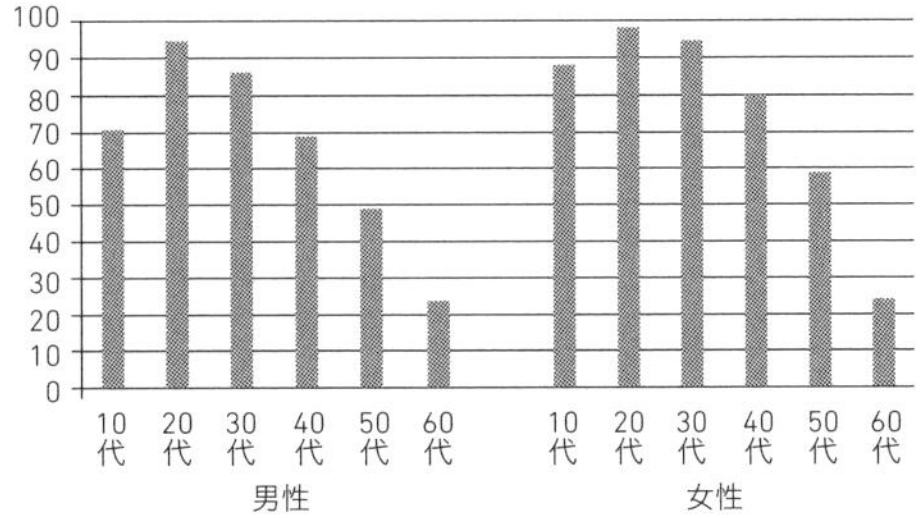

Twitter

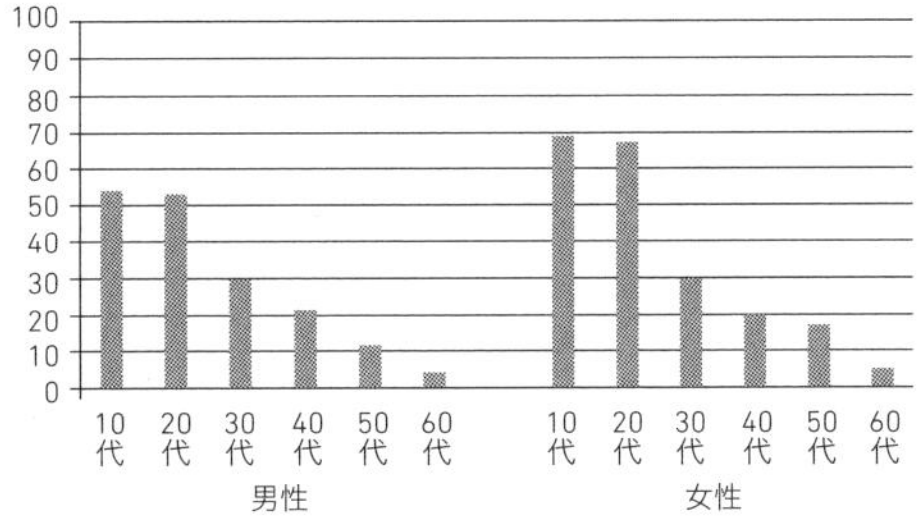

Facebook

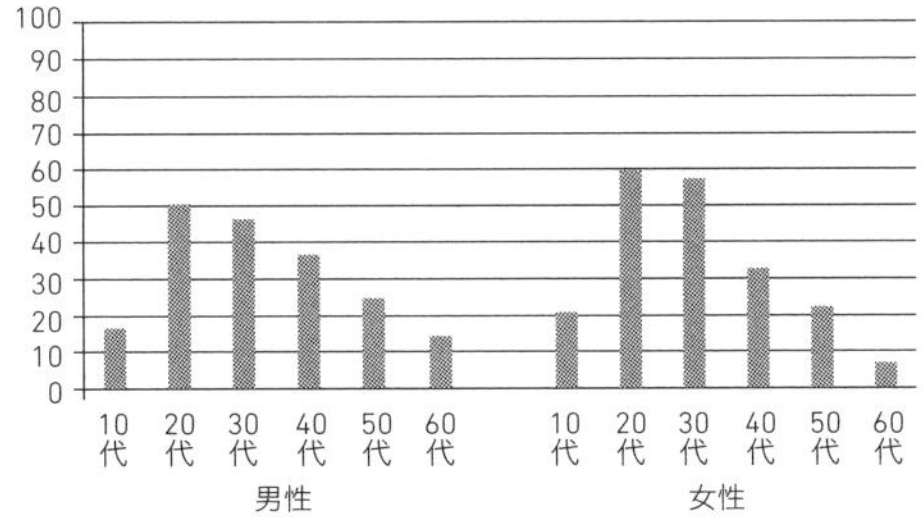

Instagram

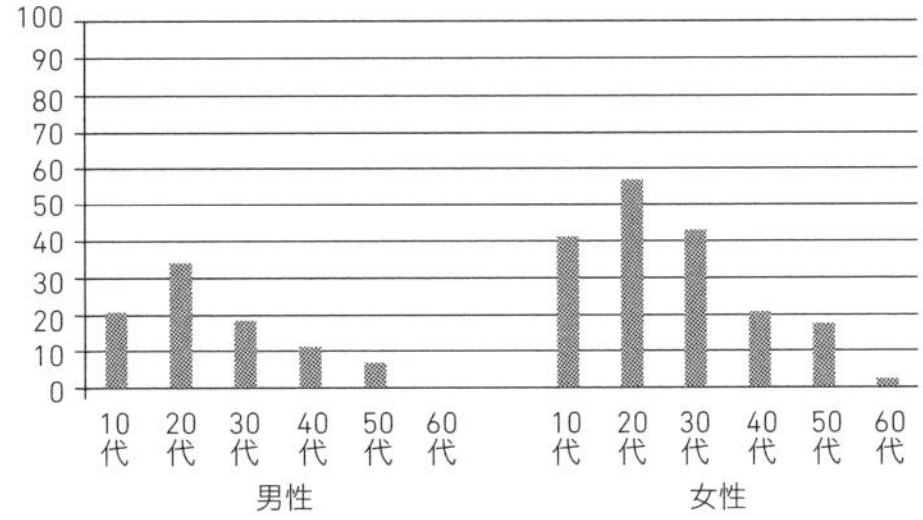

インスタグラムは30代以下の女性の利用率が目立って高く、ほぼイメージ通りです。この調査では60代男性の利用率はゼロです。たしかにこの年代の男性が自分の容姿を投稿するのはだいぶ自信と勇気がいります。

インスタグラムで感じることは、画像は言語の壁を超えるメッセージだということです。私のフォロワーはたいしていませんが、9割以上が海外の人です。また経歴や地位などに関わりなく、フォローしている人の投稿画像を無心に眺めることができるところも魅力かと思います。

LINEはすべての属性で他のSNSより利用率が高いことがわかります。とくに20〜30代を中心に幅広い年代で利用され、女性の利用率のほうがやや高いことがわかります。身辺を見渡しても親しい女性間の連絡ツールとして頻繁に使われているという感じです。

LINEのユーザー

国産SNSのLINEが世界の3大SNSと大きく違うところは、友人や家族とのプライベートなメッセージ通信（トーク）で使われている点です。LINEにもフェイスブックのようなタイムラインの機能がありますが、私たちがLINEで主に使っているのはトークです。

このことからラインはコミュニケーション・アプリと呼ばれています。

またＬＩＮＥアプリには友だち間の通話機能があり、電話をかけるような感覚で使えます。個人間のメッセージやビデオ通話はフェイスブックでもできます。どちらを使うかと考えると、プライベートでビデオ通話する相手は家族などの親しい人に限られます。そういう人との通話はＬＩＮＥが使いやすいと思います。

ＬＩＮＥのトークは昔のチャットに近いところがあり、友だち登録してある人とのメッセージ交換に使います。図はお母さんと娘がトークしているときのＬＩＮＥアプリのイメージ画面です。相手のメッセージ

LINEトーク画面のイメージ

は画面の左、自分のメッセージは右側に表れます。

この例では、娘の帰りが遅いのでお母さんが「早く帰りなさい！」とメッセージを送りました。メッセージには送信時刻が表示されるので、お母さんが夜の8時半にメッセージを送ったことがわかります。

娘は5分後にスタンプを送って「了解です♪」と返事をしました。既読の文字が現れていることで、自分の返事をお母さんが読んだことがわかります。

LINEはメールと違って件名や挨拶などがいらないので、仲間内では短文で済むというメリットがあります。そして過去のやりとりが一目でわかるので、昔のメールを開いて探す手間がいりません。

また図のように文字の代わりにスタンプというイラストを送ることができます。この点でLINEは「楽しい」「かわいい」といった要素があり、従来のSNSとは違った味を出しています。

LINEにはゆるキャラのクマ（ブラウン）やウサギ（コニー）などのキャラクターがあり、ディズニーグッズやハローキティ並みの存在感を示すようになりました。LINEにはこれらのキャラクターを使ったスタンプが用意されています。さまざまな感情を文章ではなくスタンプに代弁させるもので、絵文字がイラストに進化したものといえます。スタンプは結構笑えてかわいいものが多く、ＬＩＮＥが女性の高い支持を得ている理由の１つでしょう。

またＬＩＮＥでは写真や動画を送ることもできます。ある年配女性が「ＬＩＮＥは写真が送れるからいい」と言っていたのでびっくりしたことがあります。ガラケーでもメールでも写真を送れたのですが、ＩＴリテラシーの低い人でもＬＩＮＥで写真が送れるようになったのです。

ＬＩＮＥの音声通話

ＬＩＮＥアプリでは友だち同士の無料通話やビデオ通話ができます。無料通話とはインターネット経由の電話みたいなもので、ビデオ通話とはテレビ電話のようなものです。しかし電話ではないので、電話番号を押してかけるものではありません。ＬＩＮＥの友だちリストから相手を選び、無料通話かビデオ通話を選んでタップするだけなので簡単です。

声のやり取りができる点は従来の電話と同じ感覚で使えますが、これはインターネットのデータ通信で行われています。電子メールで文を送るのと同じように、音声通話は文の代わりに声のデータをインターネット経由で伝えているのです。

インターネット経由のビデオ通話にはスカイプが早くからあり、グーグルハングアウトも有名です。私も10年以上前にはスカイプのお世話になっていました。最近ではグーグルハングアウトを仕事で使うことがあります。どちらもあらかじめ時間を決めておき、双方がアプリを立ち上げるという使い方です。

これらに比べるとＬＩＮＥ通話は電話のように突然かけてもつながりやすく、電話に近い感じがします。またスカイプやＬＩＮＥ通話はデータ通信をしているだけなので、通話料金は実質的に無料といえます。国際電話の掛け方を知らなくても海外から自宅にＬＩＮＥで通話ができ、しかも無料ですから大助かりです。

海外旅行先でのトラブルなどで旅行会社に相談したいときも、ＬＩＮＥでつながると助かると思いますが、そのようなサービスはまだ無いようです。


大地震などの災害時には電話回線が使えなくなることもあります。そのようなときでもインターネットはつながっていることがあります。災害時の家族間の連絡用としてもＬＩＮＥは期待されています。

ツイッター

ツイッターは短文を投稿する米国発のＳＮＳです。内容は仕事のＰＲ、イベント告知、旅行先やグルメの紹介、生活場面などが多いように思います。ユーザーは投稿するだけでなく、気になる人をフォローすることで発信者の記事を自分のホーム画面で読むことができます。ツイートの内容に共感した人が「いいね」を送ったりリツイートすることで、その記事がフォロワーに拡散されていきます。

ツイッターの記事はネット検索できます。その意味では社会に向けての情報発信になります。何らかのトラブルで電車が止まったとき、どの駅のトラブルでどれくらい長引きそうかを知りたいとき、ツイッターが情報収集に役立ちます。

また地震や台風などの災害時の被害箇所からの情報発信にも役立っていることで知られています。ツイッターに限らず、ＳＮＳに投稿された災害地の画像や動画がニュースに使われ、貴重な情報源として役立っています。

フェイスブック

フェイスブックは実名で投稿する米国発のＳＮＳです。実名を使っているので内容にある程度の信頼性があるところが特徴です。ネットワークの形は友だち関係が基本で、互いにフォローしてフォローされる関係です。これがツイッターとフェイスブックの主な違いで、見た目の大きな違いはそれほどありません。

フェイスブックの記事はネット検索の対象外ですからツイッターに比べて知人向けの情報発信の意味を持ちます。ある記事に共感して「いいね」を送ると、その記事が自分の別の友だちのホーム画面に表示されて拡散していきます。

フェイスブックではユーザーの実名、生年月日、出身地、住所、学歴、職歴などを記入できます。これによって同じ出身地や同窓などのつながりで友だちが増えるという特徴を持っています。また政治観や宗教といったセンシティブな情報の記入欄まであります。これらの個人情報を非公開にすることができますが、ハッカーにとってこれほどおいしい標的はありません。最近はフェイスブックで大規模な情報漏洩やスキャンダルが続き、フェイスブックの特徴が弱点になってしまいました。

お父さんのフェイスブック

お父さん刑事はミニチュアカーを集めるのが趣味で、レアなミニチュアカーやチョロQを沢山持っています。しかしお母さんにとってはガラクタにしかみえません。お母さんにいつ捨てられるかわからないので、貴重なコレクションは押し入れにしまったままです。

お父さんはフェイスブックの見る専ですが、たまには自分のコレクションを友だちに自慢したいので、フェイスブックに投稿することがあります。友だちのフェイスブックには図のように見え、お父さんがまだコレクションを捨てられずに楽しく暮らしていることが伝わります。

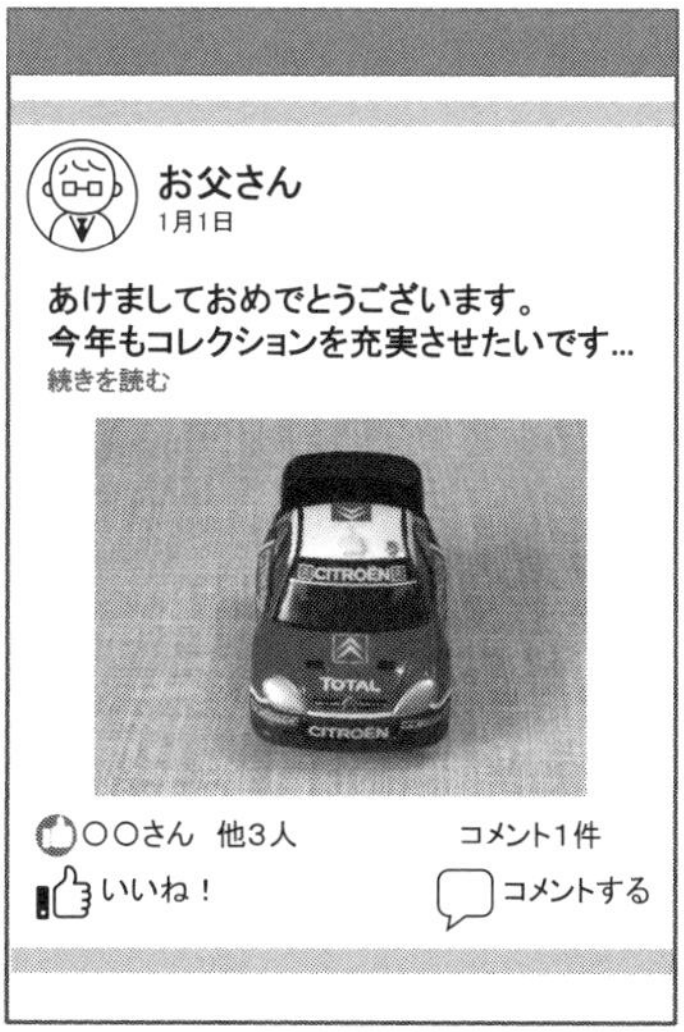

フェイスブック ホーム画面のイメージ
お父さんの友だちの端末側

インスタグラム

インスタグラムは写真の投稿サイトで、これも米国発のSNSです。スマホからしか投稿できないという縛りがあるにもかかわらず、世界の3大SNSの1つとして広く利用されています。その狙いはスマホで写すことの即時性を重視しているとのことです。画素数の大きなしっかりした写真ではなく、最大でも１００万画素程度の画像が使われています。また作文なしで画像だけを投稿できるので、「百聞は一見に如かず」のことわざ通り、投稿しやすく訴えやすいところが特徴です。

インスタグラムはお気に入りの人をフォローする形になっている点で、ネットワークの形はツイッターに似ています。

インスタグラムは有名人のファンサービス的な情報発信にも使われています。たとえば、米国の歌手・女優のセレーナ・ゴメスさんはフォロワー数が1億人以上もいます。彼女が写真を投稿するたびに数百万人から「いいね」がつき、数万件のコメントが書き込まれます。これらの数値が人気のバロメーターにもなっています。

「いいね」を沢山もらえそうな写真をアップすることが若い女性に流行り、インスタ映え(Instagenic)という言葉まで生まれました。そのせいか観光地では、ジャンプしたり、派手なポーズをとって記念写真を撮る若者をよく見かけるようになりました。インスタ映えが過熱し、観光地で自撮り写真を撮ろうとして転落する事故が続出していることが問題になっているほどです。

もともとはインフルエンサーの情報発信が社会の消費行動に影響を与えたのですが、今では「いいね」をもらうために観光地やレストランに出掛けるようになっているので、「いいね」をもらうための消費行動に変わってきたといえます。その結果、インスタ映えが集客のキーワードになっています。

しかしこの方法で「いいね」を沢山もらっても、本人による情報発信になっているのか、仕掛け人に踊らされているだけなのかわからなくなってきました。たしかにジャンプしたり踊ったりしている写真が少なくありません。

インスタグラムも広告やマーケティングに利用されています。日産自動車やホンダは50万人を超えるフォロワーがいます。この2社のインスタグラムでは、1枚のクルマの写真に対して数千件の「いいね」がつくので、プロモーション効果はかなり大きいといえます。

お母さんのインスタグラム

お母さんは自慢の料理をインスタグラムに投稿しています。図はお母さんのプロフィール画面のイメージで、投稿した画像がまとめて表示されます。フォロワーの文字の上に「11・2k」と表示されているのは、フォロワー数が1万1200人いることを表わしています。

お母さんはインスタ映えする料理と写真の撮り方を研究していて、フォロワー数2万人越えを目指しています。これは簡単なことではありませんが、どうなるかはお楽しみに。

インスタグラム お母さんの
プロフィール画面のイメージ

08 LINEゲームとお金

お父さんの謎解き

ゲーム会社が倒産したら「お金」はどうなるのか？

お父さんは娘とLINE友だちになって、思ったより高くつきました。なぜかというと、たまに届くメッセージはお小遣いのおねだりだからです。理由を聞くと「スマホゲームで遊ぶためにルビーという通貨を買いたい。1ルビーは12円で、まとめ買いすると割安になって親孝行になる。ここは思い切って3600円分を買いたい！」のだとか。親孝行な娘に育ってくれて複雑な気分ですが、お父さんは何事も疑うタイプです。

「割安なのは良いけど、もしそのゲーム会社が倒産したら残っているルビーは返金されるのだろうか？」

お父さんはまた調べることにしました。

スマホゲームには課金システムが組み込まれるものがほとんどで、ゲーム会社の重要な収益源です。ゲーム会社にしてみれば金融ビジネスと無縁と思ってゲームを開発しているかもしれません。しかし課金システムの内容によっては資金決済法に該当するので登録が必要です。まとめ買いの仕組みでユーザーのお金を預かるような場合、ゲーム会社はユーザーの財産を守るという社会的な責任があるからです。これをＬＩＮＥゲームの例で考えてみましょう。

ＬＩＮＥゲーム

ＬＩＮＥゲームは２０１２年に始まりました。ヒット作のＬＩＮＥポップのシリーズは世界で累計６０００万ダウンロードを超えています（２０１６年時点）。ＬＩＮＥゲームをフィンテックの視点でとらえるとなかなか奥深いところがあります。

ＬＩＮＥポップのアイテム

ＬＩＮＥポップはＬＩＮＥのキャラクターが登場するパズルゲームです。２０１２年にサービスを開始してわずか2か月で世界累計２０００万ダウンロードされたというヒット作でした。ＬＩＮＥポップは２０１８年12月にサービスを終了し、現在ではＬＩＮＥポップ2が後継バージョンです。

あいにく私のまわりにはゲームで遊ぶ人がいないのでヒットしたという実感がありません。それで勤務先の大学の学生たちに聞いてみたところ、「何年か前に爆発的に流行して、よく遊んだ」とのことでした。

このゲームにはいくつかのアイテムがあります。アイテムとはゲーム内の道具のようなもので、それを使うと高得点が出やすくなったり、長く遊べたりするものです。アイテムの種類は多いので、ここでは「ルビー」「ハート」「宝箱」と宝箱を開ける「鍵」だけを考えます。

ルビーとはゲーム内の通貨です。あらかじめルビーを有料で買っておき、何かのアイテムが必要な時に、ルビーと交換して使います。図はＬＩＮＥポップのスタート画面を簡単に表わしたものです。左上にルビーの数が表示され、この図ではルビーを7個持っていることになります。

ハート1つで、ゲームが1回できます。ゲーム開始時はハートが5個あるので、5回までは無料で遊べます。図の例ではハートが3個残っていて、あと3回遊べる状態です。もっと遊びたいときはハートとルビーと交換してハートを増やします。つまり、ルビーを払って遊ぶという仕組みです。

1ルビーは12円くらいで、まとめ買いすると割安になります。ルビーはゲームの成績などによって無料でもらえることもあります。まわりの学生に聞いたところでは、無料で遊んでいる

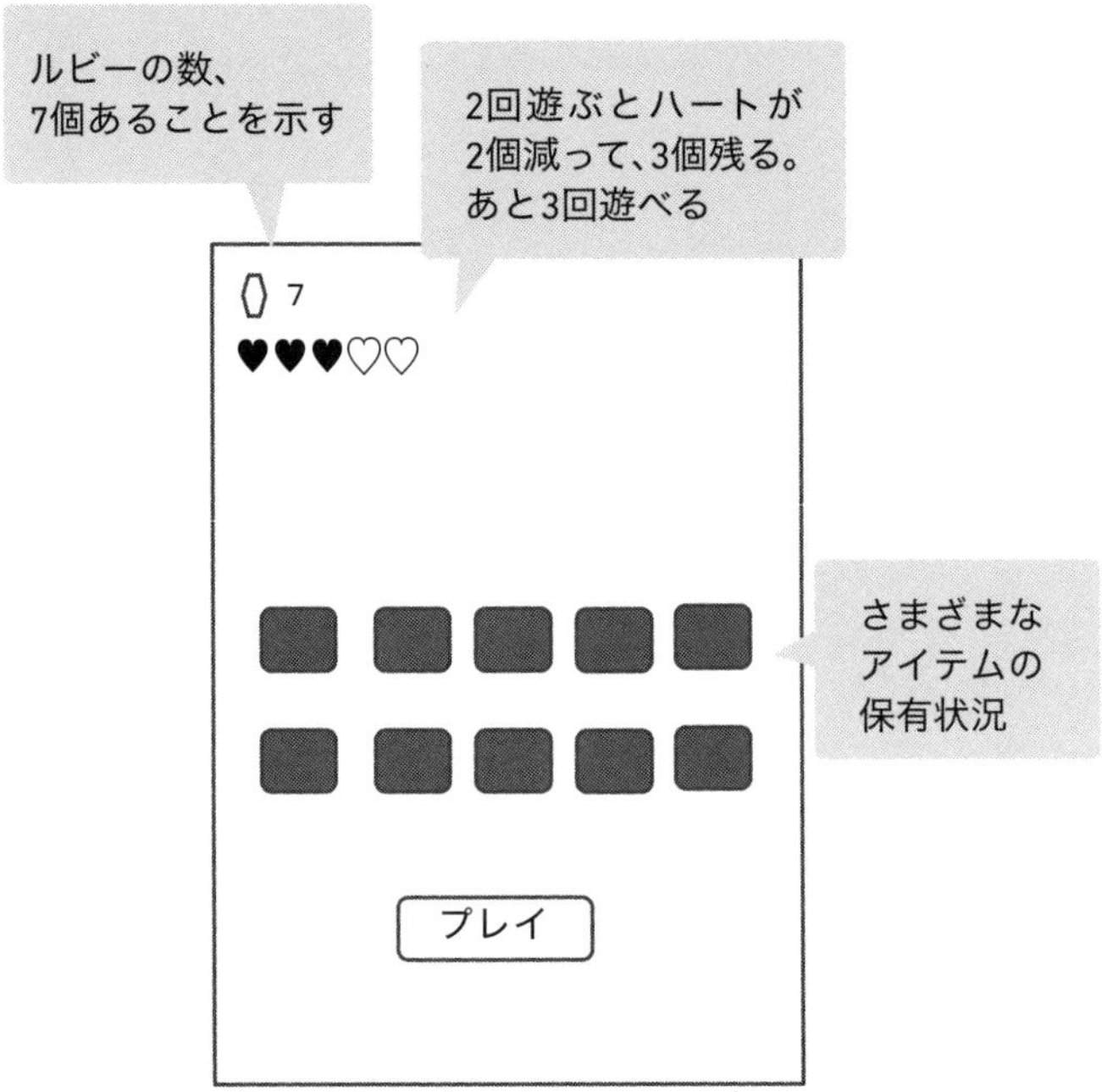
ルビーの数、
7個あることを示す
2回遊ぶとハートが
2個減って、3個残る。
あと3回遊べる
7
♥♥♥♡♡
さまざまな
アイテムの
保有状況
プレイ

LINEポップ スタート画面のイメージ

人のほうが多かったように思いました。

有料で遊ぶ人にとって、ルビーが必要になるたびに支払いの画面が現れると興ざめしますから、前もって多めに買っておくほうがスムーズに遊べます。つまりルビーはスイカのようなプリペイドの仕組みになっています。

このようなゲーム内通貨はプリペイド電子マネーにあたるのでしょうか。LINEのゲームではルビー以外の通貨が使われているものもありますが、ここではLINEポップとルビーだけで考えます。

ルビーは電子マネーか？

電子マネーと買い物でもらえるポイントとの違いを表にまとめましたが、ポイントはおまけで、電子マネーは現金でチャージするという点が最も大きな違いです。そして電子マネーには資金決済法が適用されます。

LINEポップのルビーは現金で買うのが基本ですが、おまけでもらえることもあります。ルビーはモノ（サービス）なのか、それとも電子マネーのようなお金の代わりなのかを考えてみましょう。ルビーがモノならルビーを買うことはこれまでの通販と同じです。

ルビーはゲームをやっているうちに少し貯まることがあり、わずかですが無料で入手できます。電車に何回乗ってもスイカのチャージ額が増えることはありません。ルビーはゲームの中でしか使えませんが、スイカはコンビニや自販機でも使えます。LINE社としてはルビーという商品（サービス）を売ったと考えていたかもしれません。

本来、モノを買うということは、必要とするモノを手に入れることが主な目的です。ラーメン店で食券を買うとき、食券を手に入れることが目的ではありません。食券をラーメンと交換してようやくその目的を果たすわけです。ルビーはラーメンそのものより食券に近いので、ユーザーはルビーを使うまで目的を果たしていないのです。

もし当局がルビーを電子マネーだと判断すると、このゲームビジネスは資金決済法に該当し、

ポイントと電子マネー

	ポイント	電子マネー
発行の形	購入時のおまけ	前払い（プリペイド）
現金で購入	できない	できる
資金決済法	該当しない	適用 （前払式支払手段発行業の登録）
例	マイレージ Tポイント	スイカ、パスモ、ナナコ メルカリポイント LINE Cash

登録が必要です。

お父さんにしてみれば、ルビーはポイントより電子マネーであるほうが安心感があります。ルビーの使い勝手は限定されていますが、お金をチャージしている点ではスイカにチャージする感覚に近いからです。

結果として当局はルビーを電子マネーと判断しました。これは、お金をルビーという形に前払いでチャージし、ゲームをする際にサービスを買うという考え方です。

またルビーが電子マネーの扱いになると、払い戻しができないことになります。これによってアカウントがハッキングされてルビーを盗まれるというリスクも小さくなります。

当局の判断には納得感がありますが、LINEゲームにはさらにわかりにくいアイテムがありました。

電子マネーで買ったアイテムも電子マネーか？

LINEポップでは、ゲームの開始時に宝箱が現れることがあります。宝箱を開けるとなんらかのアイテム（ゲームの進行に役立つ道具）やルビーがプレゼントされるのでうれしいものですが、宝箱の鍵を持っていないと開けられません。その鍵を手に入れる方法はいくつかあり、手っ取り早い方法は手持ちのルビーと交換することです。つまり鍵をルビーで買うことになります。ルビーとハートと鍵の関係を図に表わしてみました。

このように考えるとハートも鍵もゲーム内のアイテムで、ルビーで買えるものです。この鍵やハートはモノ（サービス）でしょうか、それとも電子マネーでしょうか。電子マネーで買ったものも電子マネーになるのかという問題でもあります。

ゲームの世界では法律では測れないようなアイテムが生まれてくるのです。

当局の判断

関東財務局は２０１６年にＬＩＮＥ社に立入検査をしました。[11] 問題は宝箱の鍵が電子マネーではないかということです。ＬＩＮＥ社側は「使用法が限定されているので電子マ

ゲームLINEポップのアイテムとプリペイド電子マネー

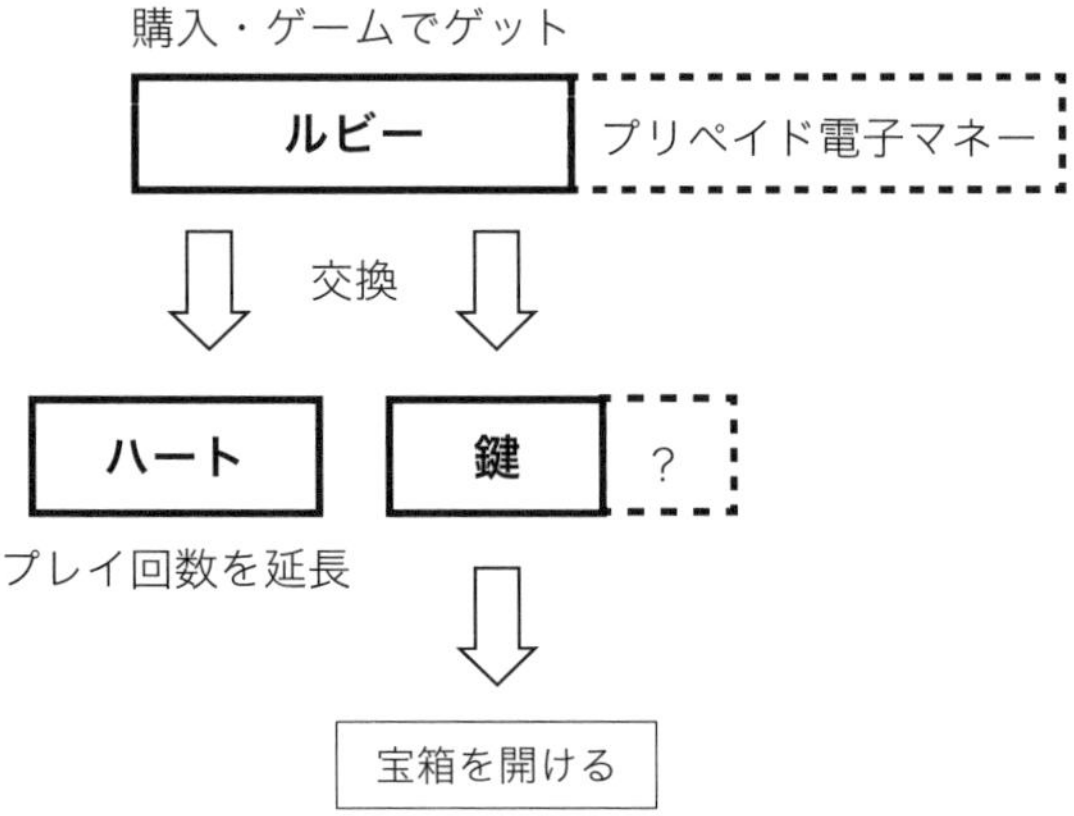

ネーの定義の一部を満たしていない」との考えです。しかし当局の判断は「アイテムを使ってゲーム内で多様なサービスを受けるという実態を重視し、資金決済法の前払式支払手段にあたる」でした。この結果ＬＩＮＥ社は宝箱の鍵の残高についても供託金を預けることになりました。鍵の残高がどれほどあったのかはわかりませんが、ゲーム業界に困惑が拡がった出来事でした。

供託金を預けることは会社の資金繰りで大きな負担になるからです。一方、この負担を軽くする金融サービスもあります。ＬＩＮＥ社資料[12]によると、ＬＩＮＥグループは銀行と１０１億円の保証金保全契約を結んでいます。この保証料率は０・１％です。ＬＩＮＥ社は低コストで資金調達し、それを事業資金に振り向けてさらに高い収益を求めることができるのです。

フィンテック時代の到来で銀行の仕事が減るといわれていますが、金額の大きな資金に関しては銀行の役割が残されているのです。

保証金の保全契約

PART

2

メルカリと
キャッシュレスビジネス

09 メルカリとヤフオク

お母さんの謎解き

どっちが便利なのか？

お母さんはインスタグラムのフォロワーを2万人以上に増やしたいと考えています。そのために、インスタ映えする食器をメルカリで買い揃えることにしました。しかし欲しい食器は数多く、ヘソクリが足りません。

そこでお父さんのガラクタをメルカリで売るというアイデアがひらめきました。お父さんは古いミニチュアカーを押し入れに沢山しまいこんでいるからです。

「お父さんは大切なお宝だと言っているけど、どうせガラクタのはずよ。私が断捨離してあげましょう」

もし売れなくても、メルカリは出品料が無料なので1円も損しません。もしお宝だったらいい値段で売れて、食器を買う軍資金ができます。お母さんは失うものが何もないという素晴らしいプランです。

ちょうどお父さんは福岡に出張中で、今日は帰ってきません。さっそくお父さんのコレクションをスマホで撮って、メルカリに出品してしまいました。そのコレクションは元に戻しておいたので、お父さんは何も気づきません。それにお父さんはヤフオク専門で、メルカリをチェックしていないのです。

でも、メルカリの仕組みを調べていくと、お父さんから聞いているヤフオクとはずいぶん違っています。手軽に出品できるのですが、売上金を受け取る方法が違うのです。

メルカリの急成長

メルカリは「スマホを使って不用品を簡単に出品できる」という強みで急成長したフリーマーケットアプリ（フリマアプリ）です。フリマアプリとは個人間売買のためのアプリです。

メルカリ社の資料[13]によると、同社の前身は2013年に設立されたコウゾウです。その年にフリマアプリ・メルカリ事業を始め、11月に社名をメルカリに変更しました。

メルカリは米国や英国にも進出し、コウゾウの設立からわずか4年後で連結売上220億円の会社に成長しました。[14]

メルカリ社は2018年に東証マザーズに上場しました。メルカリ社のIPOは人気化し、公開価格は3000円で、上場初値は5000円をつけました。表はIPOの概要です。公開時の時価総額は4000億円なので、ここも立派なユニコーンでした。

次の表は上場までのビジネス展開をまとめたものです。[15]

メルカリ社のIPO

公募株式数	約4071万株 公募:約1816万株 売出:約2255万株
上場時発行済株式数	1億3533万株
公開価格	3000円
上場日　東証	2018/06/19
初値	5000円
時価総額（公開時）	4059億円
上場初値での時価総額	6766億円

ヤフオクとメルカリの違い

テレビの鑑定番組で、出品者がお宝を「オークションで買いました」と答えることがあります。データをとったわけではありませんが、ヤフオクの名前が出てくることはほとんどありません。

録画会場に来ている出品者の家族に司会者がコメントを求めると「おじいちゃんが死んだら全部メルカリで売ります」と答え、爆笑に包まれることもあります。売るときはメルカリの名前が出てくるのです。

買うときと売るとき、世代間の違い、サービスの名前が出ないものと出るもの、ヤフオクとメルカリの違いがよく表れているのではないでしょうか。

メルカリ社のビジネス展開

2013	コウゾウ設立　資本金2000万円 フリマアプリ、メルカリのサービスを開始 社名をメルカリに変更
2014	米国でメルカリを開始
2015	らくらくメルカリ便を開始
2017	英国でメルカリを開始 大型らくらくメルカリ便、ゆうゆうメルカリ便を開始 メルペイ社を設立 買取サービス　メルカリNOWを開始
2018	シェアサイクル メルチャリを開始 マザーズに上場

みなさんも不用品を自分で売るとき、ヤフオクかメルカリかで迷うことがあると思います。ヤフオクはオークションサイトですから、少しでも高く売れるように商品の撮影や説明に工夫が必要です。高いカメラで上手に撮った写真を何枚もアップする売り方が珍しくありません。

メルカリは個人間のフリーマーケットサイトですから、売値をあらかじめ決めておき、値下げ交渉もできます。そして「スマホで写真を撮って、特徴を入力するだけで、簡単に出品できる」ことを強みとしています。そのせいか、素人がスマホで撮ったような商品画像が多い気がします。たとえば自分で服を着て、鏡に映った姿をスマホで撮って出品するという売り方はヤフオクではなかなか見られないスタイルです。

メルカリは出品期間の制限がなく出品手数料が不要です。売れるかどうかわからないものはメルカリのほうが出品しやすいといえます。このことからヤフオクも２０１８年11月から出品料を無料化しました。

メルカリでは現金が出品されたり甲子園の砂が売られたりと、何かと話題に事欠きません。さすがに現金を売るのは禁止になりましたが、甲子園の砂はいまだに出品されています。

驚きのバーコード査定

　メルカリは2018年6月から本やCDのバーコード査定を始めました。

　出品するときにアプリで「バーコードで出品する」を選ぶと、バーコードリーダーの画面に変わります。スマホをバーコードにかざすと、図のように商品タイトルと参考価格が表示されます。洋書や輸入CDではエラーになるので、日本語書籍と国内CDなどが対象のようです。

　次に「商品写真を撮る」をクリックすると、商品説明のページに移ります。そこにはすでに商品のタイトル、説明、定価、販売価格（参考価格）などが表示されているので、説明を入力する手間が不要です。あとは価格を決めていくつかの項目を入力す

メルカリ　バーコード査定のイメージ

ると出品できます。この点ではヤフオクよりアマゾンへの出品に近いかもしれません。

商品を探す人は同じ商品を価格順に並べて見ることができます。この点でもアマゾンに近いところがあります。

ちなみに、ブックオフのウェブサイトにもオンラインで買取価格検索ができるサービスがあります。本やＣＤのタイトルやＪＡＮコード（バーコードの下にある数字）を入力すると買取価格が表示される仕組みです。

メルカリのバーコード査定のレスポンスは速く、ストレスを感じさせません。定型の商品説明が自動的に表示されるところも便利です。

私はアマゾンの１人勝ちにならないよう、ヤフーショッピングや楽天なども利用しています。しかし国産ＥＣの利用にはかなりの我慢を強いられます。日頃からそのストレスを感じていただけに、メルカリのバーコード出品の登場で、ようやく国産ＥＣですごいのが現れたと思っています。

バーコード査定の〝神速さ〟はメルチャリ（メルカリ系のシェア自転車）の鍵を瞬時に開ける仕掛けに通じるものを感じます。メルチャリについては後で詳しく紹介します。

簡単な発送と匿名配送

メルカリはヤマト運輸と提携して「らくらくメルカリ便」を始めました。これは宛名書き不要で、送料が通常の宅急便より安くなっています。また郵便局と提携して「ゆうゆうメルカリ便」を始めました。これは小さなものをさらに割安に発送できるようにしたものです。このような仕組みによって売る側にとって発送の手間とコストを節約できるようになりました。

また、個人間売買では相手の住所氏名が互いにわかってしまうという問題がありました。たとえば悪意のある人が若い女性用のバッグをメルカリで格安で売っているとしましょう。その人は買い手が若い女性だと見当をつけることができます。このような売り手に住所氏名を伝えることには大きなリスクがあります。これは売り手にも買い手にもあるリスクですが、メルカリユーザーには若い女性が多いので重要な問題でした。

この課題をクリアするため、メルカリでは匿名配送が可能になっています。配送業者には送り先がわかりますが、売り手も買い手も互いに匿名という仕組みです。メルカリのユーザー層がヤフオクと違っていたことから生まれた新しい形のサービスといえます。

ヤフオクはこの対応が遅れていましたが、２０１８年８月から対応を始めました。ヤフオクとメルカリのユーザー層の違いはのちほど考えます。

メルカリの売上金

メルカリの売上金は現金ですぐに受け取れないところがヤフオクと大きく違います。売上金はアカウントにいったん貯まり、申請して銀行口座に振り込んでもらうのが基本です。申請しない場合は90日後に自動的に銀行口座に振り込まれます。金額が小さいと振り込み手数料がばかになりません。

現金化しない場合は、この売上金をポイントに交換してメルカリでの買い物に使います。いったんポイントに換えてしまうと現金化はできません。

メルカリの売上金は次の3点でヤフオクより不便です。

ヤフオクとメルカリの比較

	ヤフオク	メルカリ
運営	ヤフー	メルカリ
サービス開始	1999年	2013年
販売スタイル	オークション	価格提示
販売期間	最大1週間（再出品可）	無制限
売り手	個人、業者	個人
出品料	必要	不要
販売手数料	必要	必要
売上金	現金	メルカリポイント 現金化するには手数料が必要
特色	業者の通販サイト化している	SNS的な機能を持つ

（1）現金が直接入らない。
（2）現金化するには手数料が必要（1万円以上は無料）
（3）売上金をポイントに換えないとメルカリで使えない。

この不便さの舞台裏にも資金決済法が絡んでいます。これについては後で説明します。

表はヤフオクとメルカリの違いをまとめたものです。

ヤフオクはおじさん、メルカリは女子？

メルカリ社[15]によると、2018年3月のメルカリのダウンロード数は国内で7100万人、米国で3700万人、全体で1億人以上もいます。また月間アクティブユーザーは1000万人以上です。

利用者像としてはヤフオクがおじさんで、メルカリは女子というイメージですが、実際はどうなっているのでしょうか。

ニールセンの調[16]査[17]によると、以前はオークション・フリマサービス利用者はPC利用者のほうが多かったのですが、その後スマホ利用者が増えて2014年初めに逆転しました。

２０１８年４月ではスマホ利用者数が２７５０万人、ＰＣ利用者は６８０万人と、スマホ利用にシフトしています。

　グラフは年齢別、男女別の利用者属性です。ヤフオクをＰＣで利用している人は35歳以上の男性が過半数です。一方、メルカリをスマホで利用している人は34歳以下の女性が過半数を占めています。ヤフオクがおじさんでメルカリは女子という傾向は本当のようです。

　この調査の行われた２０１４年はメルカリが始まってわずか1年目の年ですから、メルカリはヤフオクのユーザーと違うユーザー層をはじめから掘り当てていたことになります。

オークション・フリマサービス利用者

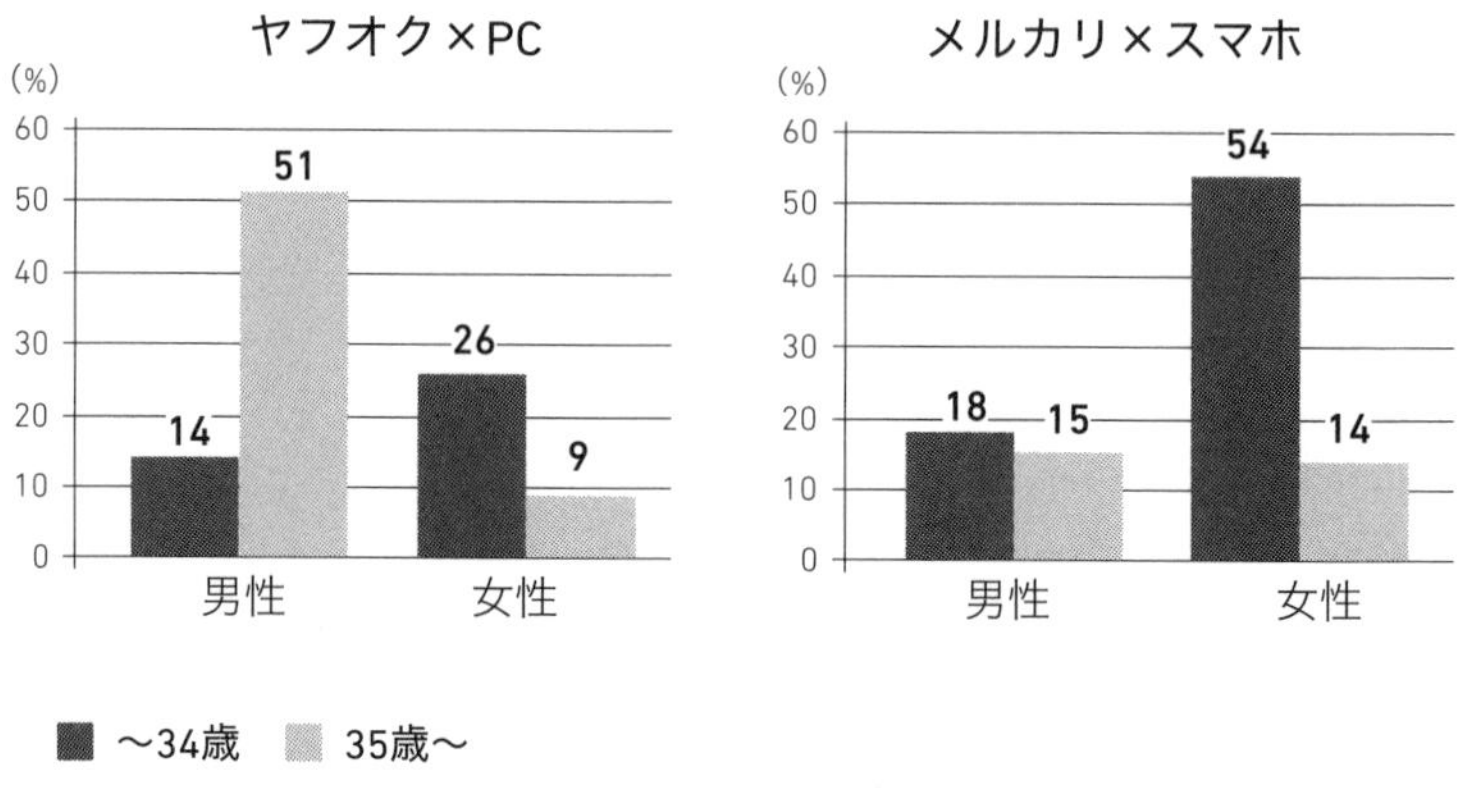

データ元：ニールセン（2014）

10 メルカリの売上金とメルカリポイント

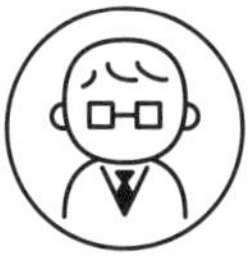

お父さんの謎解き

メルカリで売った代金は「お金」なのか？

お父さんはヤフオクユーザーですが、メルカリのコマーシャルをテレビで何回かみて、メルカリにも興味を持つようになりました。今ではヤフオクとメルカリの両方で掘り出し物をチェックしています。

ある日、メルカリにとてもレアなミニカーがいくつも出ていることに気づきました。どれも同じ人の出品で、値段が高めなのでまだ1つも売れていません。どれも素晴らしいものばかりで、自分のコレクションをみているような気さえしてきました。

「ひょっとして空き巣に入られたのでは?」。少し心配になり押し入れのコレクションをチェックしたところ、全部そろっていたのでほっとしました。

「世の中には自分と同じように趣味のいい人がいるものだ」と感心してしまいました。こんなに素晴らしいコレクションを手放すことになった人はきっと深いわけがあるのだろうと、ちょっぴり気の毒に感じたり。でもその売り手さんが次にどんなにすごいお宝を出品してくれるのかと、お父さんの期待は日に日に高まるばかりです。

お宝を逃さないように、ともかくメルカリを使えるようにしておこうと考えて、メルカリの利用方法を調べてみました。するとLINEペイの仕組みを調べていたときと同じように、「お金に関する謎」に突き当たりました。

メルカリでの売上金と送金

メルカリでモノを売っても、その売上金は自分の銀行口座に直接入ってきません。売上金はメルカリ社に預けておき、その後ポイントに替えるか銀行口座に振り込むかのどちらかです。

2017年まではメルカリに預けておいた売上金で出品されているものを買うことができました。そのほうが便利なのに、なぜ変わったのでしょうか。これを刑事ファミリーのケースで考えてみましょう。

　お母さんが売りに出したお父さんのコレクションをAさんが買ってくれたとしましょう。その売上金をメルカリのアカウントに残しておき、Bさんから食器を買って、その支払いに充てたとします。

　図はお母さんの金策をまとめたものです。問題は、「メルカリ社がお母さんのアカウントにある1万円をBさんに送金した」ことになるかもしれないということです。

　ヤフオクならミニカーの売上金はいったんお母さんの銀行口座に入ります。お母さんは食器の代金を自分の銀行口座からBさんに振り込むので、Bさんへの送金は銀行がしたことになります。

　ところがメルカリの口座に残っているお金でBさんに支払えば、メルカリが送金ビジネスまでしていることになりかねません。

お母さんの金策

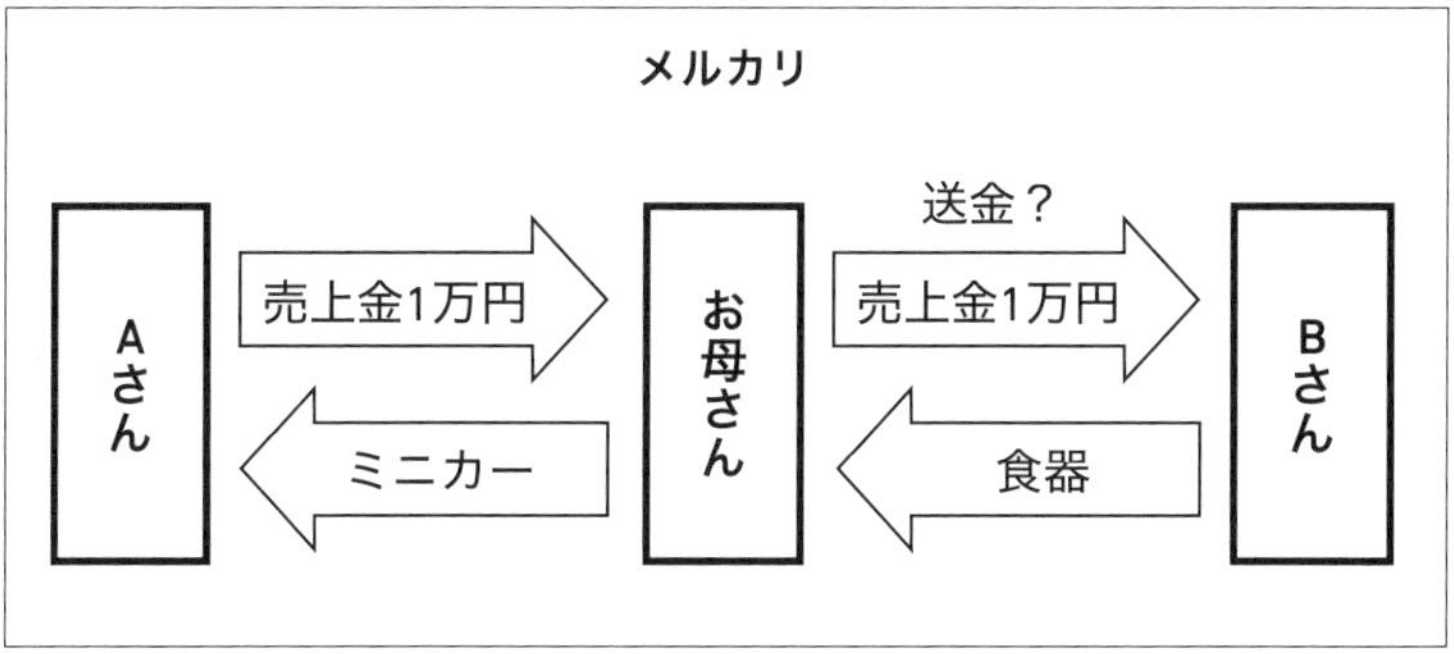

新しいビジネスでは法令上アウトかセーフか判断しにくいことがあります。小さな企業ではグレーゾーンのままビジネスが続くことがあります。メルカリ社は資金決済法に縛られず、預かっているお金を会社の事業資金として使うことも可能でした。しかし、メルカリは急成長とともに金融サービスとしての問題点が指摘され始めたのです。

パート1で説明したように、資金移動業者は送金途中の資金、つまり預かり金の100％以上の資金を供託しなければなりません。もし当局が送金と判断すると、資金移動業者の登録が必要です。メルカリが預かっている売上金のすべてを供託金として預けなくてはなりません。

1人1人がメルカリに預けているお金は少額かもしれません。しかし1億人のユーザーがいることを考えると預かり金の総額はかなり大きいことになり、メルカリの社会的な責任は非常に重くなっていました。

「送金」とみなされない仕組み

メルカリは次のように仕組みを変えました。

（1）売上金は出金申請がなくても90日後には銀行口座に振り込まれる。
（2）売上金でメルカリの商品を買うことができない。

（3）売上金をポイントに換えて、そのポイントでメルカリの商品を買う。
（4）メルカリポイントは電子マネーであり、払い戻しはできない。

（1）はメルカリの口座に売上金を長く預けることができると、ユーザーが銀行口座のように勘違いするからです。そして（2）（3）（4）によってメルカリポイントを電子マネー扱いとし、送金の問題をクリアしました。メルカリポイントという電子マネーで売り手に払っても、売り手はそれを現金化できるので、送金と同じではないかと思いますが、当局は送金にはあたらないと判断したわけです。

この変更に合わせて、メルカリ社は2017年11月に前払式支払手段の発行者登録をしています。半年後の上場に向けてサービスの仕組みを整備したと考えられます。

メルカリポイントとにしんの干物

お父さんはLINEペイのにしん理論が気に入っていて、メルカリポイントで支払うことも、にしんを干物にして北前船で送るようなものだと気づきました。

しかしメルカリは資金移動業者ではないのに、送金に近いことをやっています。メルカリポイントを送って支払うことはなぜ送金にならないのでしょうか。お父さんの頭の中をにしんの群れがぐるぐる回り始めてしまいました。

ＬＩＮＥペイは単なる送金ですが、メルカリは電子マネーで支払っているという違いです。つまりＬＩＮＥペイはにしんの干物そのもの（ＬＩＮＥマネー）を輸送しているのに対し、メルカリではにしんの干物（電子マネー）を代金代わりに支払っている（通貨の交換・決済機能）という違いがあります。

メルカリの売り手は電子マネーを現金化しているのではなく、電子マネーで支払われた対価（売上金）を得ていることになります。これは私たちがスイカ（電子マネー）で買い物をしても、お店はそれを現金として受け取ったことになるのと同じ仕組みです。

メルカリポイントは電子マネー

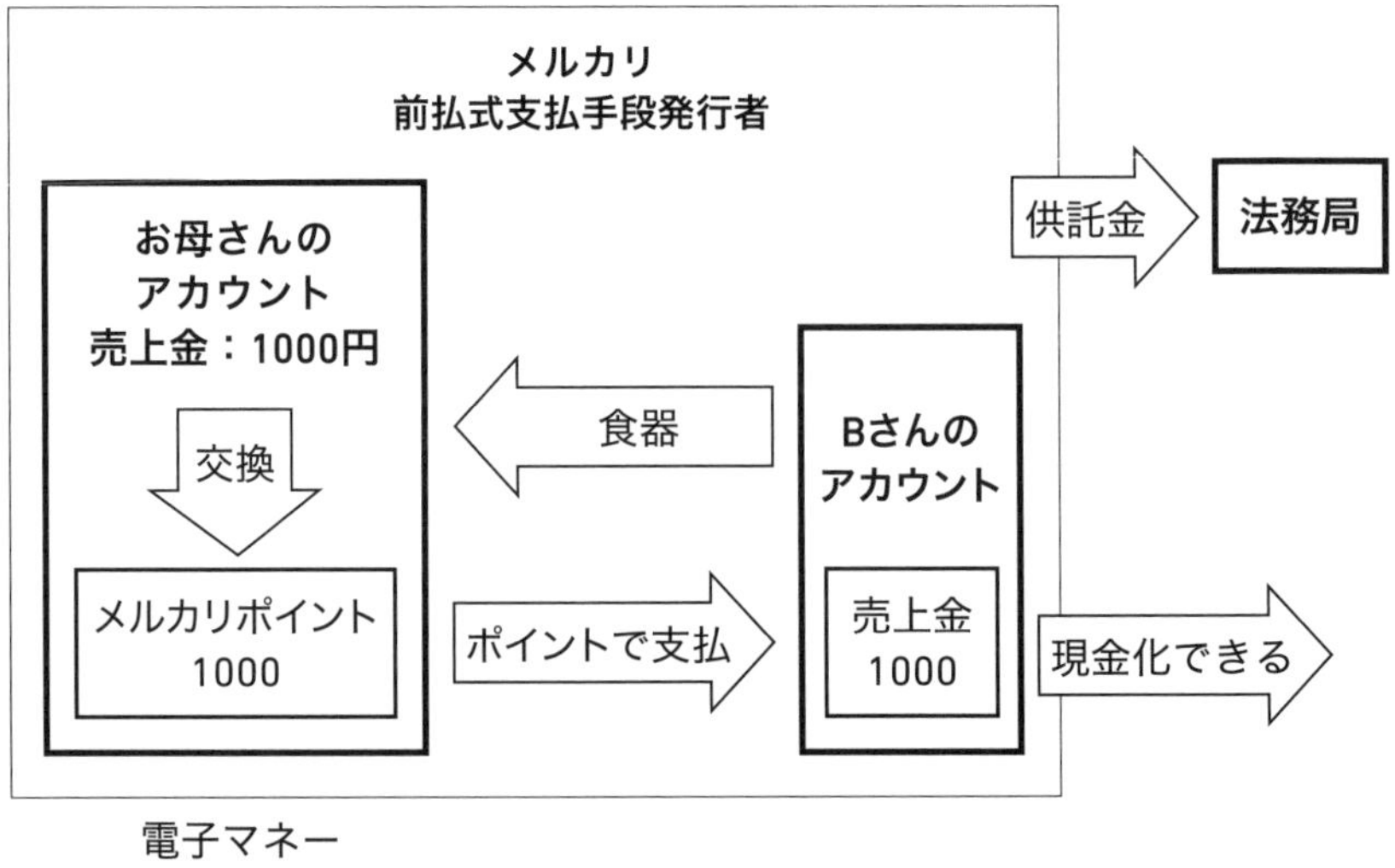

売上金が消える不思議

２０１７年まで、メルカリの売上金は１年間有効で、それを過ぎると失効する仕組みでした。失効するとメルカリ社の収益になります。

ユーザーは失効する前にメルカリで買い物に使うか、銀行口座に振り込んで出金するかしなければなりません。出金時の金額が１万円未満では手数料が必要なので、現金化しないまま忘れてしまうこともあります。

これは不親切な仕組みでした。ユーザーはメルカリでモノを売ったと考えている以上、その売上金はお金と同じ価値があると思っているはずです。その売上金がユーザーの不注意で失効するという仕組みに疑問を感じない人が多かったのはなぜでしょうか。

不用品を始末するコストだと割り切れる人はよいですが、刑事ファミリーのケースはそうではありません。お父さんのお宝が売れても売上金が失効すれば、お父さんはお宝を失い、お母さんは送料を払い損になるというダブルパンチだからです。

日米で約１億人のユーザーがこの仕組みを受け入れていたということに驚きます。

スイカなどの電子マネーに有効期限はありませんが、Ｔポイントなどのポイントには有効期限があります。メルカリで売ったお金はポイントカードのポイントのように受け入れられていたのかもしれません。

なぜメルカリは資金移動業者にならなかったのか？

ヤフオクのように取引ごとに個人間で銀行振り込みをしていれば、資金決済法に縛られることはありません。売上金がメルカリアカウントに残る仕組みにしたのは、メルカリ社がそれを事業資金に使いたいからでしょう。ユーザーの売上金を事業資金に回せば、無利子で資金を調達したことと同じだからです。これは合法な範囲であればビジネスモデルになります。

もしメルカリ社が資金移動業者登録をしていれば、ユーザーはメルカリで売ったお金でメルカリの商品を買えるはずです。売上金をいったんポイントに交換しないと買い物できない仕組みは不便です。それにポイントの有効期限は1年です。

ユーザーに不便な方法になっている理由は供託金の違いと考えられます。資金移動業者は預かっているお金の残高の１００％以上を供託しなければなりませんが、電子マネーなら半分で済むからです。残りは運転資金に回せます。経営者ならいつも資金繰りで苦労しているでしょうから、誰もが電子マネーのほうを採用したいはずです。

またメルカリとＬＩＮＥのユーザーネットワークの違いも大きな要因です。ＬＩＮＥのネットワークは友人、家族、仕事関係ですから、親から子への仕送り、同僚との割り勘などのケースが生まれやすいといえます。

メルカリでは商品の購入時にメッセージ交換があるのでＳＮＳ的な性格を持っています。しかしコミュニケーションは一時的なものなので、親密な人間関係が育つことはあまり期待できません。このように考えると、供託金の高い送金サービスを手掛けるメリットはなかったのでしょう。

しかし、次に述べるように決済サービスへの展開は欠かせないという認識はあるようです。

メルペイのスマホ決済

メルカリ社は2017年に金融関連サービスの子会社メルペイを設立しました。当初は仮想通貨ビジネスへの参入が報じられましたが、登録が遅れているようです。

そしてメルペイはスマホ決済サービスを2018年度中に始めるとのことです[18]。これによってユーザーがメルカリで売った売上金を提携先の店舗で使えるようになります。メルカリの年間売上は3000億円で、これが実店舗で使えるようになると新しい経済圏が生まれるかもしれません。国内の不用品は7兆円以上もあるといわれているからです。

この提携が拡がるとチャージ不要で、「メルカリで売って店舗で買い物」というお金の回り方が生まれます。この意味でも新しい形のキャッシュレス経済圏が生まれることになります。売上金をアカウントに残す仕組みはキャッシュレス経済圏の構想につながってもいるのです。

11 キャッシュレス社会とシェアリングエコノミー

お父さんの謎解き

メルチャリの仕組みはどうなっているのか？

お父さん刑事は派手な事件を解決して家族からリスペクトされたいのですが、相変わらず地味な仕事に回されています。今週はＪＲ中央線でスリの捜査です。ある日、下り電車が国分寺駅を出たあたりで不審な男に気づきました。どうやらスリのようです。犯行現場を取り押えるため男に近づいていきました。すると女性が「スリよ！」と叫び、お父さん刑事は男にとびかかろうとしました。

そのとき電車は国立駅に到着し、ドアが開くと同時に男は逃走したのです。お父さんは男を追いかけました。男は国立駅の南口から西に向かって逃走していきます。お父さん刑事は全力で追いかけますが、いい歳なので距離がどんどん離されます。

しかしそこにメルチャリのポートがありました。お父さんはそれに乗って男を追いかけました。じつはお父さんは福岡出張のときにメルチャリをみかけ、「これのミニチュアがあれば絶対欲しい」と思いながら会員登録をしていたのです。

実際にメルチャリを使うのははじめてでしたが、鍵を外すまでの操作方法は実に簡単でスピーディでした。「これで犯人に追いつける。明日の新聞には『メルチャリ刑事、スリを逮捕！』という記事が出るかも」などとイメージを膨らませながらチャリで追いかけました。

それにしても、シェアサイクルの仕組みはどうなっているのでしょうか。お父さんはスリを捕まえた後でちゃんと調べておこうと思いました。

するとそこには独自の「キャッシュレス経済圏」の創出を目指すメルカリの戦略が見えてきました。

シェアサイクルの拡がり

総務省は「地域でシェアリングエコノミーを活用すれば、地域課題の解決や地域経済の活性化につなげることができる」と期待しています。[19] 自治体ではさまざまなシェアリングエコノミーの活用に取り組んでいますが、シェアサイクルもその1つです。

レンタサイクルは以前からありましたが、借りた場所に返却しなければならず、料金は固定的な方式が一般的です。これに対してシェアサイクルではいろいろな場所にある駐輪場（ポート）で自転車を借りて別のポートに返すことができます。料金は乗っている時間に応じて課金され、ちょい乗りなら30分弱の利用料金で済みます。

使いたいときに近くにポートがあるかどうかが問題ですが、スマホのアプリでポートを探せます。カーシェアリングと同じように、スマホのアプリで自転車を借りて支払いまで済ませることができます。料金の支払いがスマホ決済になっている点ではキャッシュレス化の1つで、総合的なサービスとしても興味深いところがあります。

鍵を開ける仕組みにはスマートロックが使われています。スマートロックとはスマホで自宅やシェアサイクルの鍵を開ける仕組みのことです。物理的な鍵と違ってコピーできないのでセキュリティが高いとされています。

自治体はシェアサイクルをバスに次ぐ新しい公共交通手段ととらえています。

国内ではドコモ・バイクシェアが２０１５年にサービスを開始しました。これは国内の主要都市などで広く展開しています。

ソフトバンクは２０１７年に中国のｏｆｏ（オッフォ）と提携してシェアサイクルに参入しました。中国のシェアサイクルは、どこでも乗り捨てられるところが売りです。しかし放置自転車が増えすぎたことが社会問題になっています。オッフォは資金難にも直面していて最近は失速状態のようです。オッフォのシェアサイクルは日本にも展開していましたが、北九州市で撤退し大津市と和歌山市でも撤退するとのことです。[20]

ＬＩＮＥ社は２０１７年12月に中国シェアサイクル大手のモバイクと連携し、国内でＭｏｂｉｋｅを展開すると発表しました。またヤフーも参入を決めています。

メルカリ社はメルチャリというシェアサイクルの実証実験を福岡市と国立市で２０１８年から始めました。

私たちが考えている以上に、シェアサイクルは拡がっていくのかもしれません。しかし中国のように放置自転車が増えるなら本来の目的に反します。都市の性格などによってフィットするシェアサイクルのモデルが違うことになるでしょう。

ここではメルチャリとドコモのシェアサイクルを紹介します。

メルチャリの仕組み

フリーマーケットや中古品売買はシェアリングエコノミーの1つとされていて、ヤフオクやメルカリもその一角を担っています。メルカリ社は２０１８年にシェアサイクルに参入しました。それがメルチャリで、メルカリの子会社のソウゾウが運営しています。

メルチャリのアプリはメルカリのアカウントでログインできるので、メルカリのユーザーはメルチャリを簡単に始められます。料金は1分4円という細かい価格設定です。

メルチャリの自転車にはＧＰＳが取り付けられているので、図のようにアプリの地図上にポートの場所と、そこに置かれている自転車の台数、放置自転車の場所が表示されます。これはどこからでもアプリでチェックできるので、たとえば東京にいても福岡の様子がわかります。

福岡市のシェアサイクル

福岡市では２０１８年1月にシェアサイクル事業を公募しました。市の資料[21]によると、事業名は福岡スマートシェアサイクル実証実験事業で、その目的は次のとおりです。

・都心部への自動車流入の抑制
・来訪者等の回遊性向上

メルチャリの画面イメージ

・放置自転車の減少
・公共交通を補完する交通手段としての効果を検証

そしてメルチャリは同年6月から実証実験を始めることになりました。すでにドコモは主要大都市での運用で先行していたのに、当時はまだ未上場で実績のないメルチャリがなぜ採用されたのでしょうか。

市の資料[22]によると選定理由は次のとおりです。

・課金が1分4円で安い
・地域事業者との連携（回収、メンテナンスなど）
・大規模災害時にはメルチャリを無償提供

安いだけでなく、地域貢献が重要なファクターになっていることがわかります。6月時点でポートは市の中心部周辺に90か所以上あり、自転車は約３００台とのことです。

国立市のシェアサイクル

東京都国立市は２０１８年８月からメルチャリの実証実験を始めました。実験期間は３か月で、ポートは駅前や公園など約70か所、自転車は１００台以上です。導入の主な狙いは以下のとおりです。[23]

・自動車の交通渋滞緩和
・駐輪場の混雑緩和
・公共交通の補完
・防犯の効果

国立市でも渋滞の緩和と、新たな公共交通としての可能性を期待していることがわかります。また人の移動が増えて人の目が行き渡るようになることで、防犯効果も期待しています。これは住宅都市ならではの理由といえます。

メルチャリの使い方

ポートの自転車のそばにいるとしましょう。メルチャリのアプリで「鍵をあける」をタップすると、スマホがＱＲコードリーダーに変わります。それでサドルの下にあるＱＲコードを写せばロックが解除されます。

インターネット経由でハード（鍵）を操作しているので数秒かかってもおかしくはないのですが、鍵を直接操作しているような錯覚を覚えるほど瞬時に鍵が開きます。これはみなさんにも是非体験してもらっていろんな応用を考えていただきたいのですが、メルチャリが使われているところがまだ少ないのが残念です。

利用中はアプリの画面に地図と走行時間などが表示されています。目的地のポートで鍵のレバーを回すとロックがかかって利用終了です。アプリに走行経路や時間、距離、料金が表示されます。自転車を返却するという仕組みではないので、放置もできてしまいます。

メルチャリのシェアサイクル

QRコードと鍵のレバーが付いている

放置自転車の位置はアプリに表示されるので、これをみつけてポートに返すと、15分（60円）分のおまけがつきます。運よく家の近くに放置自転車があれば、これを使って目的地に近いポートで返せば60円安く使えることになります。この仕組みで回収を効率化させているのです。

ドコモのシェアサイクル

東京都では9区（千代田区、中央区、港区、新宿区、文京区、江東区、品川区、大田区、渋谷区）がドコモのシェアサイクルを導入して広域実験中で、東北地方から沖縄まで多くの自治体がドコモのシェアサイクルを導入しています。ポートは区役所やコンビニの店頭などにあります。

会員登録はＰＣかスマホで行います。ポートの場所は「ドコモ・バイクシェアポートナビ」とい

ドコモのシェアサイクル

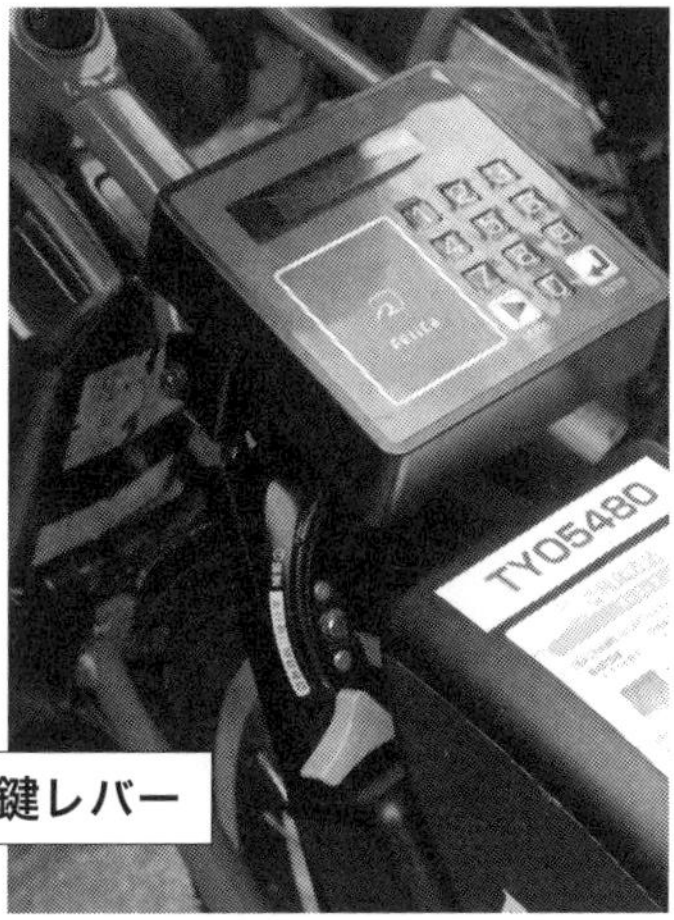

ドコモのシェアサイクルの操作パネル（テンキーとICカードリーダー）
後輪の鍵はレバー式

うアプリでわかります。借り方は2通りあり、簡単なのはFeliCaカード（スイカなどの交通系ICカードやおサイフケータイ）を使う方法です。カードを登録しておき、そのカードを自転車のカードリーダーにかざして解錠します。この場合「スタート」ボタンを押してから解錠されるまで約10秒かかります。

FeliCaカードがない人は、利用時にスマホでシェアサイクルの会員サイトにログインして、駐車場と自転車を選びます。するとパスコードがメールで送られてきます。パスコードを自転車のテンキーに入力し、スタートボタンを押すと、鍵が開きます。料金は30分150円からです。

返すときはポートに停めて、自転車の鍵レバーを回すと施錠できます。次に「エンター」ボタンを押すと返却の完了です。ポート以外のところでは返却できない仕組みなので、放置されることはないでしょう。

表にドコモとメルチャリの利用法をまとめました。ドコモは一昔前の設計によるシステムという感じがします。返し方の違いでみればドコモのシェアサイクルは管理型、メルチャリは自律型といえます。メルチャリもドコモも1人のアカウントで1台しか使えませんが、2～3台使えるようになるといろんな使い方が増えると思います。

メルチャリとドコモシェアサイクルの比較

	メルチャリ	ドコモ	
運営	ソウゾウ	ドコモ・バイクシェア	
会員登録	メルチャリアプリから。メルカリIDで登録	ウェブサイトから。ユーザーID, パスワード、氏名、携帯電話番号、生年月日、性別、郵便番号、利用目的、メールアドレス、パスワード、クレジットカード情報など	
料金	1分4円	30分150円	
ポート検索	メルチャリアプリ	ドコモ･バイクシェア ポートナビを別にインストール	
利用時（解錠）	1. アプリのQRコードリーダをかざす 2. 瞬時に解錠	1. 会員サイトにログイン 2. 駐輪場を選択 3. 自転車を選ぶ 4. パスコードをメールで受け取る 5. 操作パネルのSTARTを押す 6. パスコードを入力	1. 操作パネルのスタートを押す 2. 事前に登録したFeliCaカードをかざす 3. スタートを押して解錠まで約10秒
補助動力	―	電動アシスト	
返却時（施錠）	鍵レバーを回してロック	1. 鍵レバーを回してロック 2. ENTERボタンを押すと返却完了 3. パネル表示を確認	

国立市のメルチャリに乗ってみた

私は、国立市のメルチャリを2回使ってみました。ＪＲ国立駅前に大きなポートがあります。電車通勤でメルチャリを使う人は駅前のポートに停めるので、ここの台数の増減を観察すれば、主な利用状況を知ることができます。ポートの自転車台数はメルカリのアプリで見ることができ、放置メルチャリの場所や数もわかります。

まず駅前のポートで実際に置かれている自転車の台数とアプリに表示されている台数を比較しました。その時点では現物が27台でアプリ表示が25台だったので、若干の誤差はありますが、比較的信頼できるデータが取れそうです。

そこで駅前ポートの台数の変化と放置自転車の数を1週間ほど観察してみました。次のグラフはその結果です。

昼は25～45台に増え、夜は10台程度まで減るので、毎日20～30人以上が駅までの通勤通学で利用しているようです。これ以外の利用者がいるので、全体で数十人以上が毎日利用していると考えられます。9月21日の夜に駅前ポートの台数が減っていないのは、雨が降ったためでしょう。

放置自転車の数は数台程度で、多いときでも10台です。同じ場所にずっと放置されている様子ではないので、放置自転車の返却システムがうまく機能しているといえます。国立市は国立駅を中心とする住宅地ということで利用者のマナーがよいのかもしれません。

2回目に訪れたとき、駅前のポートで係の人がメルチャリのメンテナンスをしていました。このポートには多くのメルチャリが出入りしているので、1か所で集中的にメンテナンスができるというのも国立モデルの特色といえます。

メルチャリの課題

気になる点としては、同市の南西部の多くのポートではゼロ台になっていることが多いということです。ポートの数が約70でシェアサイクルが約100台ですから1ポート当たりの台数が少ないことに加え、20～30台がいつも駅に集中しているせいかもしれません。シェアサイクルの過疎地域ができないような運営が課題とい

メルチャリの利用状況

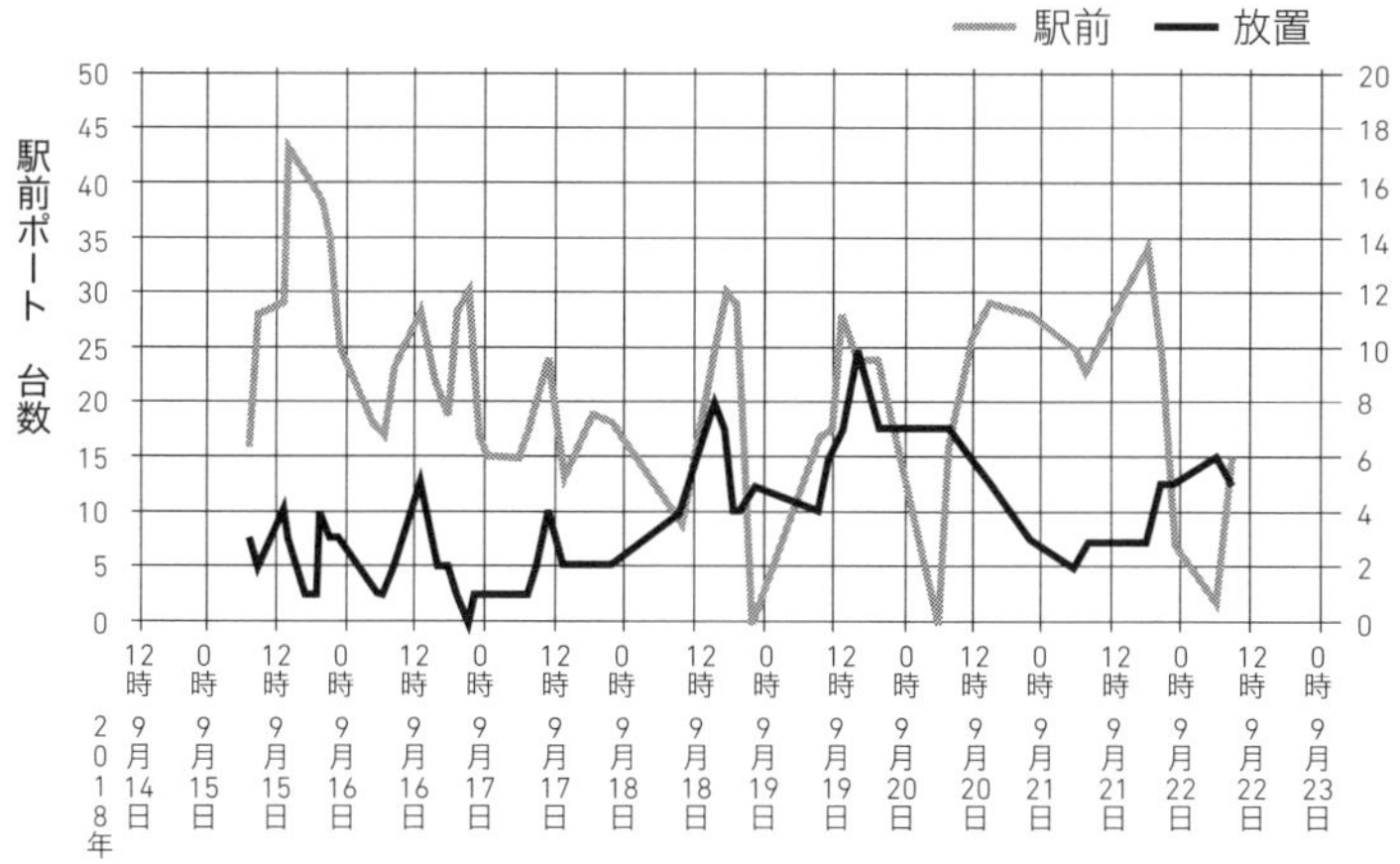

国立市　2018/9/14-9/22

えます。

また、メルチャリの放置自転車をみつけようとアプリを頼りに探してみましたが、その日は発見できませんでした。1台は高校敷地の中に表示されていたので入れません。また住宅地の路上にあるはずのメルチャリが見つからないこともありました。自宅の中に保管（放置）しているなら私物化と同じです。動いているときしか課金されない仕組みの弱点です。

その後も放置自転車の様子をアプリで観察していたら、大学や高校の敷地内に放置されているケースが少なくありません。通学に使って学内に長時間放置されると一般の人が使えないので、ポートに返す仕組みが必要かもしれません。

お金がぐるぐる回るようにする

メルカリはフリマアプリのビジネスで成功したのに続き、メルチャリなど新しい事業への展開を図っています。いろいろなビジネスを立ち上げて、メルカリポイントによって結びつけようとしているようです。メルチャリは走行距離に応じてメルカリポイントがもらえて、前述したように放置されたメルチャリをポートに戻すとおまけがもらえます。それをフリマでの買い物に使うことができます。メルカリの中で、ユーザーのお金がぐるぐる回るようにすることを目指しているのではないでしょうか。

前章で紹介したメルペイによる決済サービスが加われば、お金のぐるぐる回りがよりしやすくなります。メルカリの経済圏がどこまで広がるのか、興味深いところです。

PART

3

フィンテックと資産運用ビジネス

12 新しい金融商品とリスク

お母さんの謎解き

夢の金融商品が出現するのか？

お父さんは街でもらったチラシを熱心に読んでいます。「フィンテックで資産運用！」という見出しで、2年の投資で利回り7％という魅力的な話です。チラシには「AI投資信託」「クラウドファンディング」「ソーシャルレンディング」などの文字が並んでいます。

高利回りの投資としては外国債投資がありますが、為替リスクがあることくらいはお父さんでも知っています。チラシの金融商品は為替リスクなし、高利回り、担保付ですから、ついに夢の金融商品が現れたのかもしれません。

そこにお母さんが現われて、チラシを取り上げました。

「あなた、投資のリスクとリターンを理解してる?」とにらんでいます。お母さんは、じつはお金に詳しいのです。昔ファイナンシャル・プランナーの勉強をしたことがあり、ネットバブル時代には株で儲けたこともあります。

お父さんはお母さんに教えてもらうことにしました。

投資の4大リスク

フィンテックによって従来の金融機関が作れなかったニッチな金融商品が出回り始めたため、私たちは未知のリスクに直面しています。

LINE社も資産運用やクラウドファンディング事業に参入しています。

では、フィンテックを使うと夢の投資が可能になるのでしょうか。これを考える前に、投資のリスクを簡単に整理しておきます。

株式投資や預金をすることを「金融商品を買う」という言い方をします。生命保険に入ることも同じです。金融商品を買って得られる利益をリターン、値下がりや元本が目減りするようなことをリスクといいます。

たとえば預金のリターンは利息で、リスクは銀行が破綻して預金が戻ってこなくなることです。このリスクはペイオフ（預金保険制度）によって1000万円まで保証されています。株式投資のリターンは配当や値上がり益で、リスクは無配当になることや株価の値下がりです。

金融商品によってリターンやリスクの形は異なりますが、大雑把にとらえるとリターンの良いものにはそれなりのリスクがあるといえます。これをリスクとリターンの関係といい、投資の大原則です。

金融商品の広告を見るとき、ついリターンに注目してしまいます。「リスクもみなければいけない」とわかっていても、それは小さな字で抽象的に書かれているので、大概の人はチェックしていません。

これからはフィンテック時代ならではの新しい金融商品が出回り始めます。金融商品のリスクを自分なりに押さえられるようになるためには、投資の4大リスクを知っておくことが基本です。

それは次の4つです。

（1）市場リスク
（2）信用リスク
（3）オペレーショナルリスク
（4）流動性リスク

市場リスクとは、株価の値下がりや為替レートの変動などです。一番わかりやすいリスクといえます。

信用リスクとは貸出先の破綻や財務の悪化などです。これはイメージしやすいわりに、リスクの大きさを測りにくいという難しさがあります。

オペレーショナルリスクとは口座をハッキングされて、預けていた財産を盗られるようなリスクです。つまりシステムや人のミスによるリスクのことをいいます。

流動性リスクとは取引量が少ないことによって、換金したいときにすぐ換金できないリスクです。あ

投資の原則　リスクとリターンの関係

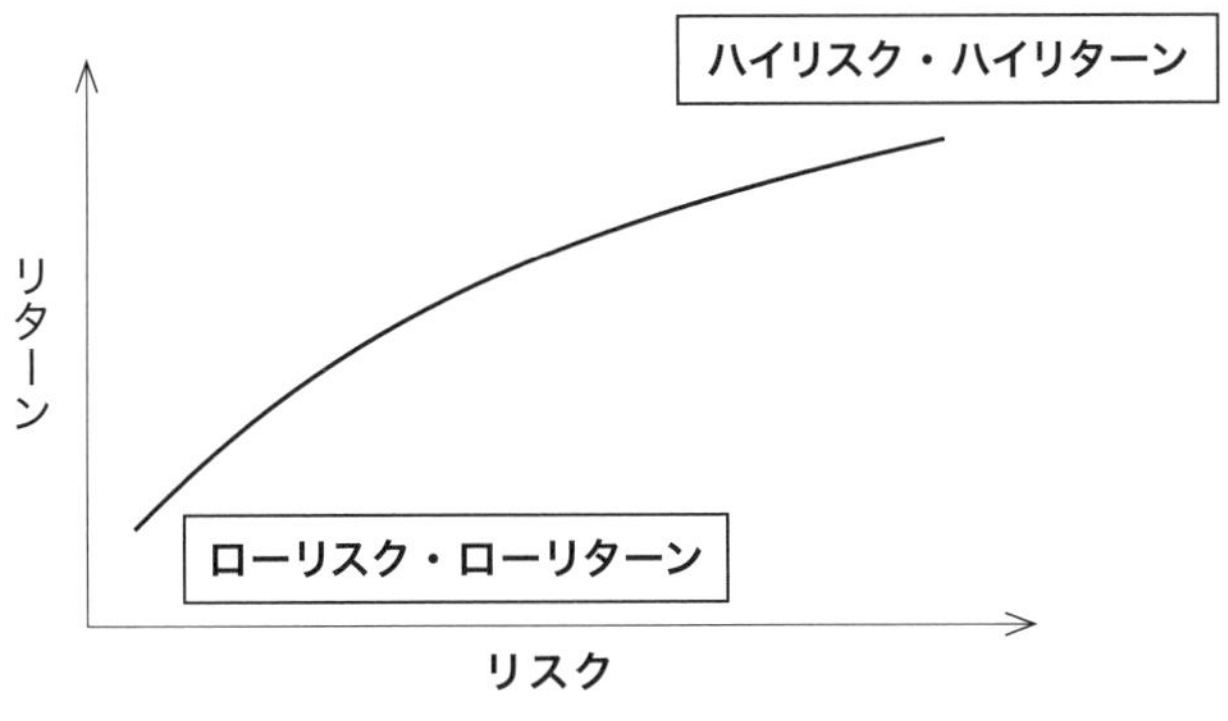

るいは取引量が少ないために売買価格差（スプレッド）が開き、すぐ売りたいときに安く売らなければならないことも流動性リスクの1つです。仮想通貨で考えると、取引量の少ない仮想通貨や、取引量の少ない取引所では流動性リスクが大きいといえます。

フィンテック時代の金融商品といっても4大リスクにさらされていることは変わりません。新種の金融商品に出会ったら、そのリスクは何かをよく考えることをお勧めします。パート3ではフィンテック関連の資産運用を紹介しつつ、リスクを考えます。

従来は、株式投資や資産運用は証券会社など金融機関の業務でした。金融商品取引法の2014年改正によって、証券会社という言葉が法的に定義されなくなり、金融商品取引業者と定義されるようになりました。

また、総額1億円未満で1人50万円以下の資金調達については、金融機関以外の事業者でもできるようになりました。

それに従って、新しい金融商品が生まれています。たとえば、クラウドファンディングは不特定多数の人がインターネット経由で特定のプロジェクトに出資する資金調達の方法です。

ソーシャルレンディングは融資型のクラウドファンディングの1つで、インターネット経由でお金を貸したい人と借りたい人（企業）を結びつけるサービスです。これは金融商品取引法の規制に加えて貸金業法の登録が必要です。

このような規制緩和は、従来の金融機関から資金が回ってこなかった小規模案件にも資金が回るようにするものです。

フィンテック時代の投資信託

フィンテック時代の到来をわかりやすくアピールしてきたのが資産運用かと思います。ＡＩやロボットアドバイザーに資産運用をお任せして、バラ色のパフォーマンスを期待しましょうといった内容でしょうか。

私は市場リスク評価の研究に長く関わってきたこともあり、ＡＩによる資産運用が人間より高いパフォーマンスを得るとは期待していません。それが可能なら大手の機関投資家がそれをメインでやっているはずです。一方、従来の投資信託では運用資金の規模が大きくないと管理コストやファンドマネージャーの報酬を賄えないという課題もありました。

現在のようなマイナス金利下では、資産運用で１％のリターンを確実に得ることは簡単ではありません。仮に５００億円規模の投資信託を運用して１％のリターンを得たとしましょう。つまり5億円の利益があったとします。もし投資信託の運用コストに3億円必要とすると、投資家のリターンは2億円しか残りません。利回りが０・４％ではあまり魅力的には映りません。

また投資の世界では、数多くの資産に分散してポートフォリオを組んだほうがリスクを小さくできることが知られています。しかし、分散の効いたポートフォリオを作るには莫大な資金が必要です。このようなことから、大手の金融機関では100億円程度やそれ以下の小規模な投資信託は扱いにくいのです。

もしAIが使えるなら、ファンドマネージャーの報酬が不要です。それをベンチャー企業が運用するなら、金融機関より管理コストを節約できるはずです。これまでできなかった小規模の投資信託を開発できるかもしれません。たとえば有望なビジネスに特化した投資信託ならAIによる資産運用もありかもしれません。

当然のこととして投資のリスクは分散の効いた従来型の投資信託よりも大きくなります。これ以外のリスクもあります。実際のビジネスをみながら考えてみましょう。

FOLIO（フォリオ）

フォリオ社は2017年に第一種金融商品取引業の登録をしており、金融商品取引や投資助言を行うインターネット証券です。同社はVR（仮想現実）、ドローン、AI、アンチエイジングなどをテーマにした投資信託を扱っています。これはニッチな投資信託なので、大手の金融機関では開発できないかもしれません。

　LINE社は子会社を通じてフォリオ社に出資して資産運用に参入しました。フォリオ社資料[24]によるとLINE Financal社は株式の26%をもつ筆頭株主です。同社のニュースリリース[25]は「誰もが使っているLINE上でフォリオが展開され、『貯蓄から資産形成へ』の動きが本格化し始めることを期待している」としています。フォリオの投資信託はLINEユーザーにとって興味深いテーマかもしれません。


　もちろんよいことばかりではありません。たとえばVRの投資信託の価格を見ると、現在価格が「80682円」と表示されているとき、これを注文するには「93800円」必要となっています。また値幅が「63773円から93800円」と表示されています。売るときは「63773円」なのでしょうか。

　8万円の取引で売買価格差が3万円（約40%）もあるようでは、いくら手数料が「業界最安」と謳われても手を出す気にはなりません。

　フォリオ社のウェブサイトの「よくある質問」を見ると、この差額は個別株のストップ高やストップ安の幅と手数料などから決まると説明されています。株式売買の値幅制限は20%前後なので、市場リスクと流動性リスクが最大に見積もられているのです。ポートフォリオの中身が全部同じ日にストップ高になることが日常的にあるわけがなく、執行スタイルの不透明感が拭えません。通常の投資信託なら基準価額で売買できるからです。

またフォリオの投資信託は運用資産規模が公表されていない点でも不透明感があります。フィンテックやＡＩで資産運用という目新しさに期待させる反面、投資家の目線からはずいぶんかけ離れたものに見えます。

クラウドファンディングの可能性とリスク

クラウドファンディングとは特定のプロジェクトに対して、インターネット経由で資金を集めることです。クラウドファンディングを行うサイトのことをプラットフォームといいます。

これまで資金調達は金融機関の独占ビジネスでした。金融商品取引法の２０１４年改正で、総額1億円未満で１人50万円以下の資金調達については金融機関以外の事業者ができるようになりました。

従来の資金調達ではある程度の規模がないと、それを扱う金融機関は採算がとれません。従来のやり方では小さなビジネスに十分な資金が届かなかったともいえます。クラウドファンディングは小さなビジネスにリスクマネーを入れるという社会的な意義が期待されています。

クラウドファンディングには投資型、購入型、寄付型などのタイプがあります。投資型は金銭的なリターンのあるもので、融資型のものと株式型があります。

株式型のクラウドファンディングでは非上場株を発行して資金を集めます。これはＩＰＯ以前の段階の資金調達という意味で興味深いのですが、本書では省きます。

購入型は集めた資金で製品を作ってそれを購入者に納めるものです。寄付型は被災地などで寄付を集めるタイプのものです。

ＥＮｊｉＮＥ（エンジン）

エンジンは購入型のクラウドファンディングサイトです。エンジンのウェブページでは、プロジェクトの成功率80％以上、調達資金額の平均が２００万円以上と、どちらも業界最高水準と謳っています。

プロジェクトの例として、有名な音響機器メーカーが販売している桐素材のヘッドホンが目に留まりました。桐を使うといい音がするのでしょうか。１つ30万円強の高級品ですが、これが売れて２８０万円の目標金額をクリアしています。

ほかに家電メーカーがモバイル型のロボット電話を1台20万円から30万円で売っていました。これも目標金額の１００万円をクリアしています。

これらはクラウドファンディングが企業のマーケティングに使われているケースです。またベンチャー企業が新製品のプロモーションに利用しています。

エンジンはＬＩＮＥの公式パートナーです。ＬＩＮＥのユーザーに向けてプロモーションができるところもエンジンの強みの１つになっています。

ユーザーにしてみればクラウドファンディングというより、レアで面白いものに出会える通販サイトという見え方でしょう。ＬＩＮＥユーザーの富裕層とのマッチングは期待できるかもしれません。

ソーシャルレンディングの意義と注意点

ソーシャルレンディングとは個人の投資家がインターネットを通じて企業などに融資（ローン）する仕組みです。投資家が貸出先の破綻リスク（信用リスク）を直接取るハイリスクハイリターンの金融取引です。

ソーシャルレンディングは銀行資金の行き渡らない小規模案件に資金を回そうというもので、社会的な意義が期待されています。金融規制に関しては、金融商品取引法に加えて貸金業法と関わっています。

maneo（マネオ）

マネオはソーシャルレンディングを行っている会社で、これまでに1400億円以上のローンが成立し、大規模な展開をしています。

どのような案件があるのか事例をみてみましょう。あるケースでは、貸付金額が3500万円で、期間2年で利率は7％です。融資は1口3万円からなので、分散投資がしやすいともいえます。またほとんどの案件には不動産が担保についています。

不動産の担保付で2年の利回りが7％と聞くと、かなりうれしい案件のように思えます。マネオの資金調達の実績からも安心できそうですから、お父さん刑事には落とし穴が見つかりません。

しかし投資の世界はそれほど甘くはないので、冷静になって考えましょう。分散投資可能とはいっても募集中の案件は数件しかないので、十分な分散投資ができません。また同じ名前の借り手企業がいくつかの案件に入っています。つまり違う案件に投資しても、同じ企業にお金を貸していることになり、この意味でも分散投資を困難にしています。

借り手企業の名称は「A社」「B社」という形で書かれているだけなので、借り手の業種すらわかりません。当然、借り手の財務状況はまったくわかりません。

また借り手企業はマネオ社に上乗せ金利を払っているはずですから、合計で10％かそれ以上の金利負担をしていると考えられます。不動産担保をつけて、10%の金利負担で融資を受ける企業はどんな状況でしょうか。銀行からこの金利で融資が受けられないということは、かなり財務状況が悪化している懸念があります。つまり信用リスクがかなり高いのです。

スタートアップ企業は銀行融資が難しいので、ソーシャルレンディングで資金調達するかもしれません。しかしマネオでは、若い企業なのか、資金繰りに困っている会社なのかさえわからないことがあるのです。

仮に十分な分散投資ができるとしても、このケースは理論的に10%以上の利回りで信用リスクとバランスするはずなので、7%の利回りではリスクに見合いません。

ソーシャルレンディングのリスク

ソーシャルレンディングには融資先の信用リスク以外にも大きなリスクがあります。まず融資先が本来の目的に資金を使っているかどうかがわからないことです。融資先の情報がないため他の目的に流用されていてもわかりません。またプラットフォームの運営会社がずさんだと、予定の企業に融資しない懸念もあります。

ソーシャルレンディングのリスクをまとめると次のようになります。

（1）最終的な借り手の情報がわからない。
（2）もし借り手がわかっても担保力や信用リスクの把握が難しい。
（3）信用リスクの大きさに見合うリターンを得られない。
（4）資金を目的以外に流用されてもわからない。

このため運営会社の信用力が最大の鍵で、融資先の透明化も重要な課題です。

実際にマネオ社[26]は投資家から集めた資金を本来の目的以外に流用していたため、金融庁から業務改善命令を受けました。なんだかがっかりですが、資金流用はこの業界に蔓延しているようです。

みんなのクレジット社[27]は複数に貸し付けしているように装い、実際は親会社に資金を集中させていて業務停止

ソーシャルレンディングでの行政処分

マネオ	資金流用	業務改善命令	2018年
みんなのクレジット	資金流用	業務停止命令と 業務改善命令	2017年
日本クラウド証券	預かり金の管理が 不適切など	業務停止命令と 業務改善命令（2回）	2015年と 2017年
ラッキーバンク・ インベストメント	勧誘と表示	業務改善命令	2018年

命令と改善命令を受けました。ほかにも日本クラウド証券は２０１５年に業務停止命令と業務改善命令[28]を受け、２０１７年にも業務改善命令[29]を受けています。ラッキーバンク・インベストメント[30]も業務改善命令を受けています。

　これらはソーシャルレンディングサービスの経営者や融資先の経営者による不正流用であったため、ソーシャルレンディングの信頼を失うことになりました。

　大手ではＳＢＩグループがソーシャルレンディングに参入しています。ソーシャルレンディングに期待される社会的な役割は非常に大きいので、経営体制のしっかりした企業に育ててもらいたいところです。

Ｐ２Ｐレンディング

　ソーシャルレンディングに似た仕組みにＰ２Ｐ（peer to peer、ピアツーピア）レンディングがあります。ピアとは仲間のことで、インターネット経由で個人間の資金の貸し借りをマッチングさせる仕組みです。

　私の研究室では、マレーシアからの留学生がＰ２Ｐレンディングの研究をしていたことがあります。自国の零細企業の資金調達の新しい方法として期待していました。銀行機能が不十分な国では銀行の資金が小さな企業まで十分行き届かないからです。

新興国では、フィンテックによる資金調達の発展が期待されているといえます。

ＩＣＯの注意点

資金調達の新しい仕組みにＩＣＯ（Initial Coin Offering）があります。これは企業などが電子的なトークン（証票）を発行して、一般から資金調達を行うことです。トークンとは各企業がＩＣＯに使う仮想通貨のようなものです。

トークンでは海外送金が簡単にできるので、海外でのＩＣＯにも参加できます。ＩＰＯとの違いは次の点です。

・公開時に主幹事証券会社が存在しない。
・公開時に財務諸表の監査がない。
・ＩＣＯ後に証券取引所に上場するわけではない。
・ＩＣＯで調達した資金は会計上の資本に計上しなくてもよい。
・株主としての議決権がない。

仮想通貨との違いは、投資先の事業や会社がトークン価値の裏付けとなる点です。その意味では仮想通貨の価値より信用できるかもしれません。仮想通貨の値上がり期待が持てなくなった資金がＩＣＯに向かっているともいわれています。

正しく使われれば便利な資金調達になるのでしょうが、詐欺や資金洗浄にも使われやすいといえます。

たとえば米国では２０１７年にＩＣＯで資金調達したスタートアップの経営陣が姿をくらまし、37万ドルが行方不明になった事件が起きています。[31] そして世界のＩＣＯのうち８割が詐欺だったという調査結果もあります。[32]

中国は２０１７年９月にＩＣＯを禁止し、続いて韓国もＩＣＯを禁止しています。[33] 金融庁は、トークンの価格下落と詐欺のリスクについて注意喚起をしています。[34] またトークンは仮想通貨に該当するので、ＩＣＯを国内で行うには仮想通貨交換業の登録が必要とのことです。

国際的な資金調達が低コストで可能になるメリットを活かすためには、効率的な規制を作ることが課題です。現時点では投資家保護の仕組みができていないので、野放し状態といえます。

PART

4

仮想通貨ビジネス

13 仮想通貨ゲームとLINEの経済圏構想

お父さんの謎解き

LINEは何を目論んでいるのか？

最近、娘はスマホのアプリで遊んでいて、それでお小遣いを稼いでいるようです。娘の言うには「ゲームで高得点をとるとイーサリアムという仮想通貨がもらえる。それを現金化できるので、ゲームをしながらバイトができてしまう」のだとか。

お父さんは仮想通貨デビューで娘に先を越されたのがショックですが、遊んでお金を稼ぐという娘にはもっとショックでした。元スリの親分でも厳しい修業を重ねて一流のスリになったのに、遊んでお金を稼ぐようではスリにも及ばないように思えるからです。娘が何か悪い道に入ったのではないかと、お父さんは気になって仕方がありません。

娘は「今時アプリで仮想通貨を稼ぐのは誰でもやってるし。ＬＩＮＥのアプリでも予測問題に答えるとポイントがもらえるよ」といってあっけらかんとしています。

お父さんはＬＩＮＥも仮想通貨ビジネスを始めていることを知りました。でも、日本ではＬＩＮＥの仮想通貨は取引できないのだそうです。その理由が気になったお父さんは調べることにしました。

ＬＩＮＥの仮想通貨ビジネスＢＩＴＢＯＸ

ＬＩＮＥ社は仮想通貨ビジネスに参入し、２０１８年にＢＩＴＢＯＸというシンガポール拠点の仮想通貨交換の取引所を始めました。仮想通貨については、次章以降で説明します。

ＢＩＴＢＯＸの業務内容は仮想通貨間の交換のみです。たとえばイーサリアムをビットコインで買うとか、その逆の取引に限られ、扱っている仮想通貨はビットコイン、イーサリアム、モナコインなど30種類ほどです。入出金ができないので、ビットコインを換金することはできません。また日本や米国では使えないため、国内ではそれほど話題になっていないようです。

日本を外している理由は当局の許可が下りていないためと考えられます。

もちろん国内ではＢＩＴＢＯＸのサイトを閲覧できないようになっています。私は２０１８年夏にマレーシアに出張する機会があり、クアラルンプールでＢＩＴＢＯＸをチェックしてみました。

調べてみるとＢＩＴＢＯＸを利用できない国は日本と米国だけではありません。ロシア、キューバ、北朝鮮や、治安の悪そうな国など全部で27か国（地域）ありました。

ＬＩＮＥの資料[35]によると、ＬＩＮＥアプリの月間アクティブユーザーは日本で７３００万人で、台湾、タイ、インドネシアで９５００万人です。この3か国はＢＩＴＢＯＸの制限国には含まれないので、この地域のユーザーが当面のターゲットと考えられます。

16章の取引高ランキングの表を見ると、ＢＩＴＢＯＸは35位で後発にしては健闘していますが、上位に食い込めるレベルではあ

BITBOXを利用できない国（地域）

日本、米国、ロシア、キューバ、北朝鮮、ベラルーシ、ボスニア・ヘルツェゴビナ、ブルンジ、中央アフリカ共和国、クリミア地域、コンゴ民主共和国、エリトリア、エチオピア、イラン、イラク、リビア、ソマリア、南スーダン、スリランカ、スーダン、シリア、トリニダード・トバゴ、チュニジア、バヌアツ、ベネズエラ、イエメン、ジンバブエ

出所：BITBOXウェブページから（2018年8月時点）

りません。正直言って、いまどき仮想通貨に参入することに疑問を感じていました。しかしＢＩＴＢＯＸはＬＩＮＥの次の戦略への重要な布石でした。

ＬＩＮＥの新経済圏構想

ＬＩＮＥ社は独自の仮想通貨ＬＩＮＫを２０１８年10月にＢＩＴＢＯＸに上場しました。仮想通貨は発行体がないケースがふつうですが、ＬＩＮＫはＬＩＮＥ社が発行体です。ＬＩＮＥ社は国内で仮想通貨取引の登録ができていないため、国内向けにはＬＩＮＫポイントが使われます。１ＬＩＮＫポイントはＬＩＮＥのサービスの中では５００円に相当します。

分散型アプリケーション

仮想通貨ＬＩＮＫの背景にはＬＩＮＥ社が展開する分散型アプリケーション（ＤＡｐｐｓ）の構想があります。ＩＴ業界ではＤＡｐｐｓで通用するようですが、本書では分散アプリとよぶことにします。これはブロックチェーン技術（18章参照）によって運営されているアプリのことです。

私たちはアプリの舞台裏まではわからないので、ブロックチェーンで運営されているといわれてもよくわかりません。むしろ仮想通貨が使われているアプリといったほうがわかりやすいと思います。

たとえばスマホゲームで、ゲームをするときの支払いや報酬が仮想通貨ベースになっていると考えておけばよいと思います。たとえばイーサエモンというゲームではイーサリアムを使います。分散アプリのゲームでは仮想通貨を稼げるところが従来のゲームとは違います。すでにいくつかのゲームが登場していますが、子供が遊ぶにはハードルが高いかもしれません。ユーザー数をみてもまだ広まっていないようです。

Ｗｉｚｂａｌｌ（ウィズボール）

ＬＩＮＥ社が始めた分散型アプリはウィズボールと４ＣＡＳＴ（フォアキャスト）です。ウィズボールはヤフー知恵袋のようなＱ＆Ａサイトです。Ｑ＆Ａのサイトとは、誰かが質問をすると何人かが回答してくれるもので、よい回答をした人はお礼がもらえます。ヤフー知恵袋では知恵コインがもらえ、この知恵コインはヤフーが管理しています。

ウィズボールではお礼にＬＩＮＫポイントがもらえ、このインセンティブによってＱ＆Ａを活性化させようとするものです。ＬＩＮＫポイントはブロックチェーンで管理されているので、ウィズボールは分散アプリの１つといえます。

質問や回答の評判がよいとＬＩＮＫポイントが増え、フォロワーもできます。フォローされたり、フォロワーになるという点ではＳＮＳのようなところがあります。フェイスブックやツイッターでいくら「いいね」をもらっても自己満足だけですが、ウィズボールではＬＩＮＫポイントの収入があるので、従来型のＳＮＳユーザーに物足りない層がシフトしてくるかもしれません。ＬＩＮＥアプリはＳＮＳともみられていますがコミュニケーション型なので、ウィズボールとバッティングすることもないでしょう。

多くの人に役立つ内容の質問や回答をすることがユーザーのモチベーションになるので、ウィズボールも役立つサイトに成長するかもしれません。

４ＣＡＳＴ（フォアキャスト）

フォアキャストとは予測サイトのアプリで、「オリンピックで何個金メダルを取れるか」といったトピックに予想を投票するサイトです。トピックの内容は企業のプロモーション色が強く、「今週発売予定の週刊誌○○の表紙モデルは男か女か?」みたいなパターンが多いです。

たいして面白いとは思いませんが、予想が当たるとＬＩＮＫポイントがもらえるので、小遣い稼ぎで投票する人がいるのでしょう。私も電車の中で暇つぶしにやっていたら、いくらかのＬＩＮＫポイントが貯まりました。始めた頃は参加者が少なかったからです。最近は登録が１０００万人を目指すところまで増え、競争激化でＬＩＮＫポイントがなかなかもらえなくなってしまいました。利用者が増えているのでインセンティブの設計を見直してほしいところです。

内容的に残念なのは、トピックが白文字で書かれているのに、背景画像が白っぽくて字が読めないものが少なくないことです。そしてプロモーションの洪水の中に身を置かされている感じで、インセンティブ期待でやっているだけだと疲れます。

そして4CASTのネーミングもいまいちです。なぜなら同じ名前の会社や商品（システム）などが国内外にいくつもあるからです。現状を見る限り、フォアキャストはあまり考えずに作ったという即席感が免れません。

これらの例で考えると、分散型アプリとはユーザーが仮想通貨を得るインセンティブ期待で利用するサイトといえます。どのようなものがこれから拡がっていくのかはわかりません。ほかにLINE社が予定している分散アプリのレビューサイトには以下のものがあります。

Pasha（パシャ）：商品レビュー
Tapas（タパス）：グルメレビュー
STEP（ステップ、仮）：スポットレビュー

ＬＩＮＥ社[36]によると、パシャは身の回りにあるさまざまな商品の写真を撮ることでレビュー・検索できるアプリです。

タパスは国内の飲食店のグルメレビューアプリで、レシートを読み取ることで店舗や料理のデータが反映されるものです。

ステップは旅行先などの思い出を共有するＳＮＳアプリです。

どれも投稿やレビューとその閲覧のインセンティブとしてＬＩＮＫポイントがもらえる仕組みです。どれも先行しているサービスが定着しており、新たなターゲットを呼び込めるのかは未知数です。

ＬＩＮＥ社の構想は、これらの分散型アプリとＬＩＮＫを基盤にした新しい経済圏を作り出すことです。新しい経済圏がどの程度成長するかはわかりませんが、スケールの大きなアプローチかと思います。

メルカリの仮想通貨ビジネス

メルカリ社も仮想通貨ビジネスへ参入するとのことです。ＩＴメディアビジネス[37]によると、子会社のメルペイが仮想通貨交換業の登録を金融庁に申請する方針です。その狙いはメルカリ内の決済手段としてビットコインなどの仮想通貨で対応するとしています。

しかし、この発表の半月後にコインチェックの流失事件が起きました。その後、仮想通貨ビジネスへの参入が厳しくなったことはすでに述べたとおりです。

またメルカリは次のコンセプトモデルとして、メルカリXという試作アプリを実験中とのことです。[38] ブロックチェーン上のデジタルトークン（メルコイン）を作り、これを流通させることで独自の経済圏を構築するようです。

LINEもメルカリもスマホアプリで広大な顧客基盤を獲得し、ブロックチェーン技術を組み合わせて新たな経済圏構想の展開を始めているのです。具体的にどのようになるかは今後の話ですが、このような構想によって新しい可能性を示す企業が国内に現れたといえます。

14 仮想通貨の正体

お父さんとお母さんの謎解き

仮想通貨は「お金」なのか？

お父さんがＬＩＮＥの仮想通貨アプリについて調べ始めた直後のことです。お父さんは、昔捕まえたスリの親分に出くわしました。今では悪事から足を洗って、まじめに暮らしているそうです。そのスリは仮想通貨をお父さんに勧めてきました。親分は、働いて貯めたお金を仮想通貨に投資して、大もうけしたのだと言います。

「もうスリなんかやる気は起きません。刑事さんも老後のために仮想通貨をやっておくといいですよ」

親分の言うには「仮想通貨は希少なので、金（ゴールド）と同じように値打ちがある」ということです。

お父さんは金儲けの話は嫌いではありません。小遣い稼ぎになればレアなミニチュアカーを買うことができます。調べてみると銀行も国際送金のために取り組み始め、LINEも仮想通貨ビジネスに参入しています。有名企業が手掛けているほどですから怪しい話ではないかもしれません。

でも、お父さんは仮想通貨がどういうものなのか、実はまったくわかっていません。そこでお金に詳しいお母さんにまた教えてもらうことにしました。

仮想通貨の特徴

「仮想通貨」という言葉は2000年頃から楽天のポイントなど、バーチャルな通貨の意味で使われていました。その後ビットコインが登場し、仮想通貨はビットコインなど暗号通貨の意味で使われるようになりました。

ビットコインをわかりやすく説明すると次のようになります。[39]

・政府の介入を受けない無国籍なデジタル通貨
・金（ゴールド）も無国籍通貨のようなもの
・当時の米国ＦＲＢ議長バーナンキ氏の見解は「金は資産だがお金ではない」

金（ゴールド）がお金でないのはわかりますが、ビットコインはお金なのでしょうか。日本では資金決済法で仮想通貨が定義され、「通貨」ではなく「財産的価値」としています。つまり、金も、ビットコインも通貨ではなく、資産だということです。金とビットコインの違いは形のある資産か、形のないデジタル資産かという点です。

金の資産価値は有用性と希少性ですが、仮想通貨の資産価値は何によって裏付けられているのでしょうか。これについてはこの後で考えます。

まず仮想通貨の特徴は次のようにまとめることができます。

・中央銀行（政府）が発行・管理をしていない。
・価値が株価のように変動する。
・インターネット上のポイントのような形をしていて、紙幣や硬貨の形がない。
・インターネット上の支払いに使える。

・利用者間で直接送金できる。
・匿名性がある（日本では2017年から本人確認が必要）。

仮想通貨の本来の目的は支払い（決済）や送金を簡単に実現することです。インターネット社会の発展によって国内の銀行振り込みは便利になりました。しかし資金洗浄対策が厳しくなり、海外送金はますます手間と時間がかかるようになっています。

法定通貨は国が管理

ほとんどの国で通貨の価値を管理しているのは中央銀行（日本は日本銀行）です。米国は合衆国なので各州に中央銀行があり、米国全体の中央銀行はありません。米ドルの価値を管理しているのは中央銀行ではなく、連邦準備制度理事会（Federal Reserve Board, FRB）です。トランプ大統領がFRBの金融政策に注文をつけるニュースがときどき流れます。だからというわけではありませんが、中央銀行を政府の一部だと勘違いしている人も少なくありません。実際には多くの国で、中央銀行と政府との独立性が定められています。

一部にはそうでない国もあります。たとえばマレーシアではマレーシア国立銀行が中央銀行で、これは財務省の下部組織です。この場合中央銀行は政府と独立ではなく、政府が通貨を管理していることになります。

国によって事情は違いますが簡単のため、「政府が通貨を管理している」という言い方をします。これは通貨が国の信用で発行されているということも意味していて、この仕組みは管理通貨制度と呼ばれています。

このことから、ビットコインなどの仮想通貨は政府が管理している通貨とはまったく違うものだということがわかります。仮想通貨と区別するために、従来の通貨を「法定通貨」と呼ぶこともあります。

とはいっても「仮想通貨」は通貨と勘違いしやすいネーミングです。このことから金融庁[40]は仮想通貨を「暗号資産」と呼ぶことを考えています。

法定通貨と仮想通貨

私たちは子供のころからお小遣いでお菓子を買い、お金の使い方を学んできました。また掛け算の計算がわからないとき、10円玉が2個あれば20円なので、10×2は20というように勉強してきました。子供にとってお金は大人社会への切符であり、わかりやすい教材でした。

社会に出て働くようになってからも、円建てで給料をもらうことに何の疑問もなく暮らしてきました。この数十年間、私たちは通貨の意味を考える必要がなかったのかもしれません。

仮想通貨は通貨なのかを考えるために、「通貨とは何か？」から考え直しましょう。02章でお金の役割を整理したように、法定通貨の機能は次の３つです。

（１）支払い手段（交換）
（２）価値の尺度を測る
（３）価値の保存

仮想通貨はこの３つの機能を備えているでしょうか。人によってはすべて備えているという意見もあります。

私の考えでは仮想通貨が備えているのは（１）の支払い手段だけかと思います。それも仮想通貨が使える店やサービスに限られます。
（２）価値の尺度を測ると（３）価値の保存の機能が欠けているのはどうしてでしょうか。
ビットコインの単位はＢＴＣです。図に１ＢＴＣの価格（ＢＴＣ／ドル）の推移を示しました。チャートからわかるように、ビットコインの価値は激しく変動しています。

仮にあるクルマの値段を２００万円としましょう。このクルマの価格はある月は１ＢＴＣか

ビットコインの価格推移

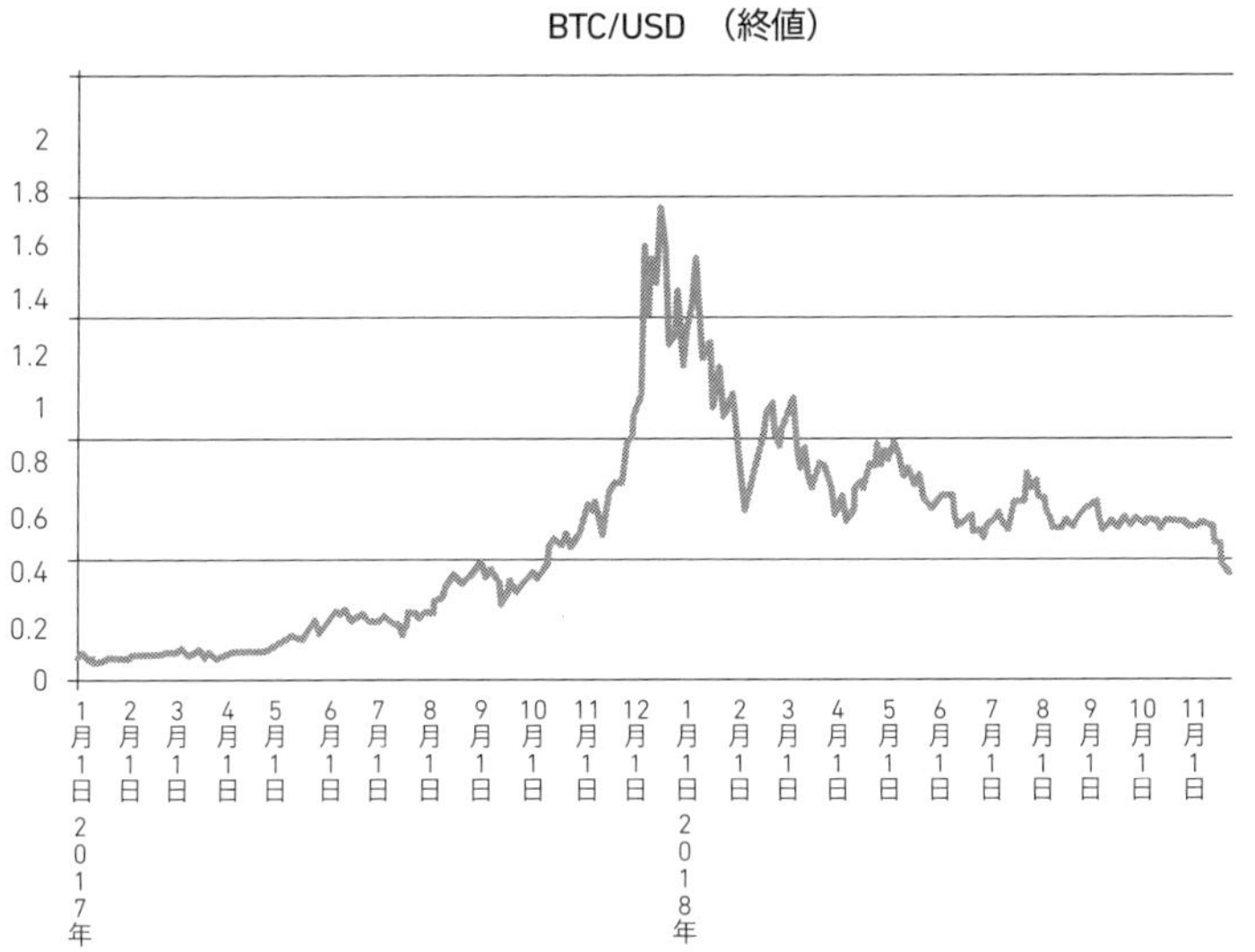

データ元：CoinMarketCap

もしれませんが、翌月は2BTCかもしれません。価値の変動が大きすぎるので、交換機能も心もとない感じです。たとえば3年かけて1BTCを貯めたとします。クルマの円価格が変わっていなくても、そのクルマが2BTCに値上がりしていると買うことができません。

私たちは1000万円もするクルマは高級車だと思っています。しかし5BTCで買ったクルマを持っていると言われたらどうでしょうか。1000万円のメルセデスの新車なのか、50万円の中古の軽自動車なのか、まったくイメージが湧きません。したがって（2）の価値尺度機能はあてになりません。

またボーナスをビットコインで払ってほしいという勇気のある人はあまりいません。利息は付かないし、価格変動が激しいからです。インフレが起きている国では預金の金利も相応に高いはずです。したがって預金しておけばインフレヘッジになります。仮想通貨には（3）の価値の保存の機能も期待できません。

このような理由から仮想通貨は「通貨」ではなく、「財産的価値」なのです。

ビットコインは誰が作ったのか？

仮想通貨は誰が作っているのでしょうか。話をさかのぼると、1998年にウェイ・ダイ氏という人が暗号を使って管理する方式の資金の考え方を提案しました。これが仮想通貨のコンセプトですが、まだ実現されていませんでした。

その後2009年にサトシ・ナカモト氏がビットコインに関するワーキングペーパー[41]を公表し、この中で仮想通貨ビットコインの仕様を示して、そのコンセプトを実証しました。そしてビットコインが誕生しました。このナカモト論文がビットコイン誕生の起源と言われています。その後ナカモト氏は2010年にプロジェクトを辞めたとのことです。[42]

このワーキングペーパーにはいくつかの謎があります。通常、研究者が論文を書くとその研究分野の学術論文誌に投稿します。その分野のオーソリティたちが論文の内容が正しいか、オリジナルか、価値があるかなどをチェックします。このプロセスを査読といい、査読が通ると学術論文誌に晴れて掲載されます。

有名な学術論文誌にはネイチャーやサイエンスがあります。つまり学術論文誌に掲載されることは、論文の内容に一定の保証がついていることになります。

しかし、ナカモト論文は学術論文誌に掲載されたものではありません。どこかに投稿して却下され続けたか、はじめから学術論文誌に載せる気がなかったかのどちらかです。いえることは、学術的なプロセスを経て一定の品質を保証されたものではないということです。

研究者によっては論文をホームページで先行的に公表することはよくあり、これは査読論文のレベルに至っていないという意味でワーキングペーパーと呼ばれます。

また論文には著者名と所属を記述することになっています。どの大学の誰の研究成果かがわかるようにするためです。しかしナカモト論文にはナカモト氏の所属が書かれていません。「ナカモト氏の正体は誰か？」など多くの謎が残されているのです。

それでもナカモト論文は人気があり、すでに４０００件以上の論文で引用されています。この事実と２０００種類以上の仮想通貨が生まれたという実績がナカモト論文の質を保証したことになるのでしょう。

15 投資対象としての仮想通貨の価値

お父さんとお母さんの謎解き

「仮想通貨は値上がりする」は本当か？

お母さんから仮想通貨の基本を教えてもらったお父さんですが、本当に投資してみるかどうか迷っています。うまくいけばミニチュアカーどころか、本物のフェラーリだって夢ではありません。しかし、調べてみると、仮想通貨は２０１８年から値下がりに転じています。

仮想通貨の特徴が少しわかってきたお父さんは、一昔前のように値上がり期待が持てなくなってきていることがわかりました。でも値下がりしている今こそ買い時かもしれません。

　本屋に行くと仮想通貨の本があれこれ並んでいて、中には仮想通貨ビジネスの経営者が書いている本もあります。まさに専門家中の専門家が書いた本ですから、信頼できるかもしれません。手に取ってみると、「少しの元手で数十倍の利益が狙える」といったうたい文句が目立ち、あまりにも調子良すぎるので、またしてもお母さんに教えてもらいました。

法定通貨の不信説

　戦争や内戦などで通貨制度が崩壊している国では法定通貨が暴落しているので、仮想通貨のほうが信頼できるという説もあります。しかしこのロジックを今の日本円に使えるかは疑問です。なぜなら世界のどこかで大きな事件がおきたとき、海外のお金が安全資産の日本円に流れ込み円高になるのはこの数年の約束事になっているからです。

　もちろん日本国債の残高が増えすぎていることから、円の信用力を疑問視する考え方にも一理あります。

需給説

２０１４年から２０１７年までは仮想通貨の値上がりで大儲けをした人が話題になりました。そんなに儲かるならやってみたくなりますが、なぜ値上がりしていたのでしょうか。その理由としてよく言われていたことは次の２つです。

・仮想通貨の価値を維持するために発行量の上限を定めている。
・利用者は増えていくはずなので需給バランスが引き締まり、値上がりする。

これはわかりやすい理屈なので、ますます気持ちが前のめりになりそうです。

値上がり説の盲点

仮想通貨取引でひと儲けをしようと決めた人にとって、値上がり説は自分の背中を押すには十分かもしれません。この値上がり説に盲点はないのでしょうか。

まず仮想通貨は１種類ではないということに注意しておきたいと思います。２０１７年８月時点で仮想通貨は世界で８００種類以上もありました[43]。その半年後には１５００種類以上に増えています。[44] 現在ではいったい何種類に増えているのでしょうか。

CoinMarketCapのウェブページにはあらゆる仮想通貨の価格が公表されています。2018年10月のある日に確認したところ、[45] ここに名前の挙がっている仮想通貨は全部で2099種類でした。1年間で約1000種類のペースで仮想通貨が生まれているのです。世界中の法定通貨の種類は170種類程度ですから、仮想通貨の種類は法定通貨の10倍以上もあることになります。そしてこの日の24時間で100万ドル以上の取引があった仮想通貨は194種類もありました。

仮想通貨の種類がハイペースで増え続け、2000種類以上もあるということは、仮想通貨ビジネスの参入障壁がかなり低いことを示しています。今のペースが続けば、東京オリンピックの2020年には4000種類以上に増えていてもおかしくありません。もちろん仮想通貨の人気が低迷するとペースダウンや減少もありえます。

「仮想通貨の価値は希少性にあり、金やダイヤのようなものだ」という説があります。宝石の種類は何種類あるでしょうか。値打ちのあるものは数十種類くらいと言われています。もしダイヤ並みの宝石が毎年1000種類も発見され続けるなら、ダイヤの価値は永遠とはいえなくなります。

「1種類の仮想通貨の発行量は一定なので需給が締まる」という説明も、かなり怪しいロジックではないでしょうか。取引のボリュームが少ないと、トレード目的の参加者は集まってきません。取引が細ると適正な価値がわからなくなるので、決済にも使えなくなります。

仮想通貨の自己矛盾

値上がり説は仮想通貨の自己矛盾も示しています。たとえばビットコインが円ベースで値上がりを期待できるなら、モノを買うときにビットコインで支払うでしょうか。私なら円で支払い、ビットコインは使わずに貯めておきます。値上がり期待説は仮想通貨の通貨としての決済機能を自己否定しているのです。つまり仮想通貨の値上がりが期待できるのであれば、決済手段としての成長は見込めません。

２０１８年1月まで、仮想通貨の価格は急上昇していました。しかしビットコインの資産価値が上がっているのではなく、値上がり期待による需給で値上がりしていたといえます。

値上がり期待が持てなければ取引参加者は減り、価値は下がり続けます。仮想通貨は株式や先物と違って裏付けになる資産がないからです。

仮想通貨の分裂

仮想通貨の分裂も要注意です。仮想通貨の取引量がシステムの処理能力の限界に達すると、仮想通貨を分裂させて取引量の増加に対応するようです。たとえば、２０１７年８月にビットコインからはビットコインキャッシュという別の仮想通貨が生まれました。このときビットコインの保有者はそれと同数のビットコインキャッシュを受け取っています。その2か月後には、ビットコインはビットコインゴールドに分裂しました。

新しいビットコインキャッシュやビットコインゴールドはセキュリティが強化されているとのことです。逆に考えると、古いほうの仮想通貨はセキュリティが改善されないまま流通していることになります。

仮想通貨が分裂すると発行量が実質的に倍増するので、需給が緩み値下がりするはずです。しかし、世の中はわかりません。ビットコインからビットコインキャッシュが分裂したとき、ビットコインは2倍以上に値上がりしたのです。これは「仮想通貨は分裂して、それぞれが値上がりするのが魅力」という理由によるものでした[46]。

仮想通貨の価値の根拠

会社の成長を期待して株価が高くなる現象には資産としての裏付けがありますが、仮想通貨の価値の裏付けは何でしょうか。

分裂や需給増の期待で値上がりし続けるためには、取引参加者と取引量が増え続けることが必須の条件です。需給を引き締め続けるためには取引参加者を増やし続けなければなりません。無料の説明会や、業界関係者が仮想通貨の勧誘本を出すことには、このような背景と無関係ではなさそうです。

16 仮想通貨の取引所ビジネス

お父さんの謎解き

仮想通貨ビジネスは成り立つのか？

お父さんは、仮想通貨でもうける話をまだ完全にあきらめきれません。そこで仮想通貨を売買するにはどうすればいいかを調べてみました。わかったことは「取引所」があって、そこが売買の舞台になるということです。株にも取引所があるように、仮想通貨にも取引所があるようなのです。そして仮想通貨のビジネスに乗り出す会社は、取引所を開くのが基本だということがわかってきました。

仮想通貨の取引所はＩＴ技術さえあれば誰でも始められるのでしょうか。最近では仮想通貨取引のテレビコマーシャルも見かけますが、このビジネスは儲かるのでしょうか。せっかく取引所にお金を預けても、そこが赤字で倒産してしまうと、お金が戻ってこないかもしれません。お父さんは仮想通貨取引ビジネスの動向について調べてみました。

国内取引所の登録

２０１７年の資金決済法改正で、仮想通貨交換業は内閣総理大臣への登録が必要になりました。登録を受けるためには高度なセキュリティ技術と十分な資金基盤が必要です。

２０１７年に登録されたのは16社です。すでに仮想通貨交換業を始めていて登録を認められなかった業者は、みなし仮想通貨交換業者として営業を続けましたが、その多くは登録申請を取り下げるなど、事業から撤退しています。また、流出事件（17章参照）が発生したコインチェックはその後、マネックスグループが傘下に収め、登録業者になりました。２０１９年１月時点で、登録している仮想通貨交換業者は17社です。[47]

中国の取引所閉鎖

２０１７年までビットコイン取引のほとんどはOKCoin、BTCChina、Huobiなど中国の取引所で行われていました。その後、中国当局は仮想通貨による資金洗浄や資金流出を懸念して監視・規制を強め、中国の仮想通貨取引所を全面閉鎖することにしました[48]。この方針変更によってビットコインなどの取引高はピーク時の数10分の1まで落ち込んでいます。

インドの財務相も「仮想通貨の利用をあらゆる手段で排除する」と述べ[49]、その後、中央銀行が仮想通貨取引を禁止しています。

取引所ビジネスの将来像

仮想通貨取引のビジネスの将来像を取引量の実績から考えてみましょう。表は上位の仮

仮想通貨の時価総額ランキング（億円）

順位	時価総額	24時間取引高
ビットコイン	128444	5099
イーサリアム	24201	2050
リップル	20506	696
ビットコインキャッシュ	8979	368

2018/10/16　CoinMarketCap

想通貨の時価総額と24時間取引高です。これはある時点でのラップですが、ビットコインの取引が一番多く、仮想通貨の基軸通貨と呼ばれるほどの存在感を示しています。続いて2位がイーサリアム、3位がリップルです。

表はある日の上位3取引所と国内拠点の取引所での取引高です。BITBOXはシンガポール拠点のLINEの子会社です。中国での取引が禁止になったことから、取引量のトップ3は中国系シンガポール拠点のBitForex、米国のBitMEXとBinanceです。このランキングは日替わりで変動が大きいですが、BitMEXとBinanceはつねに上位にいます。

いずれにしても国内拠点の取引所はマイナーな存在だといえます。国内大手企業系ではGMOコインやDMMビットコイン、

仮想通貨取引所の取引高ランキング（億円）

順位	取引所	30日間取引高	1日当たり平均取引高
1	BitForex	58541	1951
2	BitMEX	58216	1941
3	Binance	35387	1180
…	…	…	…
24	ビットバンク	3932	131.1
35	BITBOX	2754	91.8
49	ビットフライヤー	1192	39.7
51	Zaif	1007	33.6
77	コインチェック	429	14.3

2018/10/16　CoinMarketCap

SBIバーチャル・カレンシーズなどがありますが、これらについてはCoinMarketCapにデータが載っていません。DMMビットコインの売買スプレッドが大きいことを考えると、取引ボリュームは非常に少ないと考えられます。

日本の取引所は生き残れない？

取引量が少ない市場では売買価格の差（スプレッド）が拡がるので、そこでの取引は不利です。逆に取引量が多いところではスプレッドが狭くなり、他の市場より安く買えて高く売れるので有利です。

この結果、取引の多い市場に参加者が集まり、少ない取引所はますますさびれていきます。米国が仮想通貨取引を禁止したり、上位の取引所でトラブルが起きたりするなどのことがない限り、海外の数社に取引が集約されていくでしょう。

株式取引で考えると、株式の発行体（会社）は登記した国に根付いていて、株式取引所も当局の監視下にあります。このように国に強く紐づいた株式取引でも市場はグローバル化しているので、グローバルな株式取引所は世界に3～4か所もあれば十分で、それ以上あっても生き残れません。国内でも東京証券取引所と大阪証券取引所が経営統合したのはグローバル市場での生き残りのためです。

一方、仮想通貨の取引所は企業単位で運営されているので乱立状態です。CoinMarketCapのウェブサイトで確認できる取引所は世界で２２０以上あります。[50] ＧＭＯ、ＤＭＭ、ＳＢＩの取引所のようにこの中に含まれていないものを含めるともっと多いことになります。

仮想通貨は発行体がないため株式よりはるかにグローバルな金融資産です。したがってメジャーな取引所は世界に2～3か所もあれば十分です。このように考えると、今後はメジャーなグローバル取引所とマイナーなローカル取引所の格差が広がるはずです。グローバル取引所は米国などの上位数社のうち勝ち残ったところになるでしょうから、日本の取引所にその芽は期待薄です。

「仮想通貨は国家に管理されないグローバル資産」と謳われているのに、日本の取引所はドメスティックな設計になっているので、グローバル市場では通用しません。ある仮想通貨取引会社の社長は、親会社の社長から「日本一の取引所を作れ」と言われたと自負を語っていました。仮想通貨取引で日本一を目指すことにどれほどの意味があるのでしょうか。

また日本国民の資産運用は中国や米国に比べて安全志向が強く、株式の保有率が低いことが知られています。仮想通貨は株式よりリスクが高い（ボラティリティ〈変動率〉が大きい）ので、これに手を出す日本人は中国や米国よりかなり少ないはずです。このことからも国内の仮想通貨取引はマイナーな位置づけになるとみています。

国内取引所の将来像

私たちが仮想通貨取引をするのであれば、国内取引所でビットコインを買ってそれを海外取引所の口座に移し、そこでドル建てでトレードをするのが王道になるでしょう。ちなみにBitMEXは日本語対応です。換金したいときは海外の仮想通貨を国内取引所に送って出金します。

この方法にはドル建ての為替リスクがあるようにみえるかもしれません。しかし仮想通貨取引のほとんどが米国の取引所でドル建てで行われているので、仮想通貨の価値は円建てよりドル建てのほうがわかりやすいはずです。これは原油や金の先物価格をドルベースでみていることと同じです。つまりグローバル資産の仮想通貨をドル建てで取引をすることに為替リスクがあるかというと、円建てでやることと同じといえます。

仮に国内の取引所が英語対応になっても、円建て取引が基本なので、海外の人がわざわざ日本の取引所を使うかというと、ほとんど期待できません。

今後世界中の参加者は海外上位の取引所に集中し、各国のローカル取引所は海外取引所への出入口の位置づけになると考えられます。仮想通貨の人気が復活しても国内取引所での取引量が増えるとは考えにくく、いままでのやり方を続ける限り成長は期待できません。

政府は仮想通貨ビジネスの成長や将来性に期待し、当初は仮想通貨に寛容でした。しかし業界内の不祥事が続いたため、監視を強化し始めました。残念ながら仮想通貨取引の主役は国内から生まれなかったという結果になりそうです。

一方、ＬＩＮＥ社系のＢＩＴＢＯＸは仮想通貨取引の登録が国内でまだ認められていません。しかし、13章で書いたように、新しいビジョンを描いて次のステージに進んでいます。

仮想通貨同士の交換

金融庁に登録している国内の仮想通貨取引業者はＧＭＯコインやＤＭＭビットコインなど17社です（２０１９年１月時点）。これらの取引所で扱える通貨はビットコインやイーサリアムなど全体で20種類ほどあります。

仮想通貨を持っている人には両替のニーズがありますが、両替はそれほど簡単ではありません。たとえばビットコインをイーサリアムに替える場合、ビットコインを一度売ってそのお金でイーサリアムを買うことになるからです。その間に仮想通貨のレートが変わらなかったとしても売買価格差がコストになります。実際には仮想通貨のレートは刻々と変動しているので、売って買っての間にレートの変動リスクがあり、おまけに手数料は売りと買いで2回分必要です。もし仮想通貨間で両替ができれば売買価格差コストが小さくなり、レート変動のリスクがなく手数料も安くすみます。

仮想通貨同士の交換ビジネス

海外では仮想通貨同士の交換ができるビジネスがすでにあり、チェコを拠点とする仮想通貨取引所Changellyでは50種類以上の仮想通貨同士の交換ができます。同社のウェブサイトを見ると、ユーザーはすでに50万人以上もいます。ここではクレジットカードでビットコインを買えて、他の仮想通貨に交換できます。マイナーな仮想通貨には値上がり期待があるので、それを手に入れたいというニーズに応えるものです。

17 仮想通貨の事件簿

お父さんの謎解き

不正流出などの事件は続くのか？

お父さん刑事は仮想通貨取引への熱が冷めてきました。そもそも仮想通貨がらみの犯罪が増えているので、ビットコインをやっていると同僚や女性刑事から怪しい目でみられるかもしれません。

むしろ仮想通貨がらみの事件を担当したいと考えています。キャッシュレス化が進むと、スリやコソ泥専門の刑事では仕事がなくなるのが目に見えてます。いくら親方日の丸の仕事に就いているといっても、リストラされるかもしれません。

仮想通貨の事件では若いＩＴの専門家が捜査に加わっていますが、ドタ勘の働く古いタイプの刑事も必要でしょう。それにお父さんはＬＩＮＥやメルカリのユーザーなので、同年代の刑事よりも進んでいると思っています。

お父さんは仮想通貨の事件や安全性などについて勉強することにしました。

匿名性と犯罪利用

仮想通貨の口座はウォレット（財布）といい、日本では開設時に本人確認が必要です。国によっては本人確認が不要なところがあり、匿名で口座を作れます。この匿名性は悪用されやすく、いくつかの事件が起きています。

たとえば米国の闇サイト「シルクロード２・０」の運営者はビットコインを使った資金洗浄や麻薬取引をしていた容疑で逮捕されています。[51] このサイトの利用者は15万人、月８００万ドル（9億円以上）の売上があったとのことです。

またランサムウエア（身代金ウィルス）に感染してパソコンがロックされるという事件が国内でも広がっています。[52]「ロックを解除してもらいたければ身代金を払え」という警告が表れるウィルスで、身代金をビットコインで要求するのです。

誘拐事件でも、身代金を仮想通貨で海外の匿名口座に送ることになると、捜査は難航するでしょう。これはお父さん刑事にとっても他人事ではなくなってきました。

資金洗浄（マネーロンダリング）について

賄賂や麻薬売買などで得た不正なお金は、出所がばれないように使いたいものです。偽名の銀行口座を使って口座から口座へお金を転々と移し、出所のわからないお金にしてしまえば自由に使えるようになります。

これは汚れたお金をきれいなお金に「洗う」という意味で、資金洗浄とかマネーロンダリング（マネロン）といいます。資金洗浄によってテロや戦争の資金に流れることが一番危険で、次は麻薬や銃などの密輸入のための資金や、汚職がらみの資金洗浄などが問題です。私たちの平和な暮らしを守るためにマネーロンダリング対策は世界の重要課題です。

資金洗浄が発覚してニュースになることはほんの一握りのケースにすぎません。ここでは2018年に起きたふたつの事件を紹介します。[53]

（1）　2018年2月に米当局がラトビアのABLV銀行を告発しました。北朝鮮の資金洗浄に関与していたとのことで、その後ABLV銀行は資金繰りに窮して破綻しました。

（2）　２０１８年７月にマレーシアのナジブ前首相が汚職疑惑で逮捕されました、この疑惑に関しては国際的に複雑な資金のやり取りがあり、ナジブ氏は資金洗浄の罪でも起訴されています。

国内の動きとしてはカジノ解禁が気になります。２０１８年は統合型リゾート（ＩＲ）実施法が成立した年です。その中の議論ではカジノでの資金洗浄対策が課題になっています。カジノのディーラーと結託して不正なお金を賭けて大負けし、その後、勝ち続けさせてもらえばよいのです。チップを換金すれば、これは賭けで儲けたラッキーなお金ですから、汚れたお金をきれいなお金に換えることができます。

仮想通貨の送金限度額

資金洗浄では、追跡の目を逃れるために複雑な送金が繰り返されます。銀行送金はチェックが厳しく履歴が残るので、銀行を使わない方法があれば資金洗浄に好都合です。資金移動業者が送金できる額は１００万円までですから、ＬＩＮＥペイなどは大規模な資金洗浄に向いていません。

仮想通貨は最も便利な資金洗浄のツールといえます。匿名性が高く、大金を海外に短時間で送れるからです。仮想通貨の送金限度額はどのようになっているのでしょうか。

仮想通貨の流失事件が起きたコインチェックでは送金限度額が無制限でした。またBITPointの送金限度額は１０００ＢＴＣで、１ＢＴＣを40万円とするとこれは約4億円規模です。

ＤＭＭビットコイン[54]では1回の送金限度額は10ビットコインですから約４００万円が送金限度額です。このように取引所によって送金限度額はさまざまです。

当局による行政処分

仮想通貨への監視が甘い国では仮想通貨が資金洗浄に利用されやすいといえます。日本の当局はコインチェックの流失事件以来、仮想通貨交換業への監視を厳しくしました。

金融庁の資料[55]によると、仮想通貨交換業者への処分は２０１８年１月にコインチェック社への業務改善命令が第1号です。これを皮切りに同年６月までの間に20件の業務改善命令と６件の業務停止命令が行われ、登録拒否も1件ありました。

資金洗浄対策に着目すると、２０１８年６月には資金洗浄とテロ資金供与対策が不十分などの理由でビットポイントジャパン、ＢＴＣボックス、ビットバンク、bitFlyer、ＱＵＯＩＮＥの5社に業務改善命令が出ています。そしてＦＳＨＯには業務改善命令と業務停止命令が下りました。

不正流出の事件

仮想通貨は不正流失によって値下がりすることがあります。国内での不正事件は取引所の経営者によるものから始まりました。

２０１４年、ビットコインの取引所であるマウントゴックスでは、ビットコインが85万ビットコイン（約１１４億円）も消失しました。[56] 報道時の直近価格では４７０億円とも報じられています。マウントゴックスを運営するＭＴＧＯＸ社は債務超過に陥って破綻しました。

その後の調べで、外部から盗まれたのではなく、同社社長が不正を行っていた疑いがもたれ、社長が逮捕されるという事件に発展しました。これによってビットコインは半値以下に値下がりし、仮想通貨は不正事件による価格急落のリスクがあることを全世界に示しました。これは取引業者による内部事件であり、銀行に比べれば起こりやすいという指摘もありました。

リップルを扱うリップルトレードジャパンの代表は、顧客から預かった現金を私的に流用した容疑で逮捕されました。[57] この事件でリップルは直近高値から3割ほど値下がりしました。この代表はその後別件の詐欺容疑でも再逮捕[58]されています。

仮想通貨業界の経営者による不正事件が続いたことで、この業界への信頼に疑問がもたれるようになりました。

外部による不正流失

外部からの攻撃による不正流失はすでに海外で起きていましたが、国内ではまだ起きていませんでした。しかし仮想通貨取引所のコインチェックで仮想通貨ＮＥＭが５８０億円分も流出しました。[59] ５８０億円の現金は簡単には輸送できないほどの重量があり、銀行振り込みをするにもチェックが入るので簡単には送金できない金額です。顧客の資産が外部から奪われたわけですから、仮想通貨システムへの不安が現実化した事件です。

仮想通貨取引業者は顧客から預かっている資産をホットウォレットとコールドウォレットに分けて管理しています。ホットウォレットはインターネットに接続した状態なので、ハッキングのリスクにさらされています。コールドウォレットはインターネットから遮断しているので、ハッキングのリスクが低いといえます。コインチェックの事件は、この点が問題になりました。

次のＱ＆Ａはある仮想通貨の解説書の内容の要約です。

Ｑ：ビットコインはコピーや改ざんされないか？

Ａ：ビットコインは一連の取引記録を複数人でチェックしている。コピーや改ざんされることは原理的にありえない。

Q：マウントゴックス事件のような事件が他の取引所で起きる心配はないか？

A：現状ではまずあり得ない。ビットコインを盗まれるということは取引所にとっては死活問題。何重にもセキュリティをかけている。

Q：ビットコインは盗まれないか？

A：取引所のビットコインの総額を数秒ごとにチェックしているので、0・5％以上変動したら即座にチェックできる。

これはコインチェック社の役員が書いた本[60]から一部を要約引用したものです。この本が出版されて10か月後に、この会社から仮想通貨NEMが580億円も流失しました。しかも「数秒ごとにチェックしている」はずなのに、NEMの流失に気づくまで8時間以上もかかっていました。

この本ではセキュリティ対策について「顧客のビットコインの数％のみをオンラインで管理し、残りのビットコインはUSBメモリのようなデバイスに入れて、バックアップをとって金庫で保管している」と安全性を力説しています。つまり資産の数％をホットウォレットで管理し、残りをコールドウォレットで管理していることになります。同社のセキュリティ対策を図に表わしました。

　コインチェック社の預かり資産は数千億円とも言われていて、これは小さな地銀なみの資産規模です。たとえば、福岡中央銀行や富山銀行の総資産は約５０００億円です。金融業界で働いている人にとって、資産や取引関係のデータは堅固なサーバーで管理し、災害時などを考えて隔地バックアップすることは常識です。

　仮想通貨は実物がなく電子データのみが資産のエビデンスですから、データそのものが財産とも言えます。その財産を、ポケットに入れて持ち出せるような「ＵＳＢメモリに入

コインチェックのセキュリティ対策

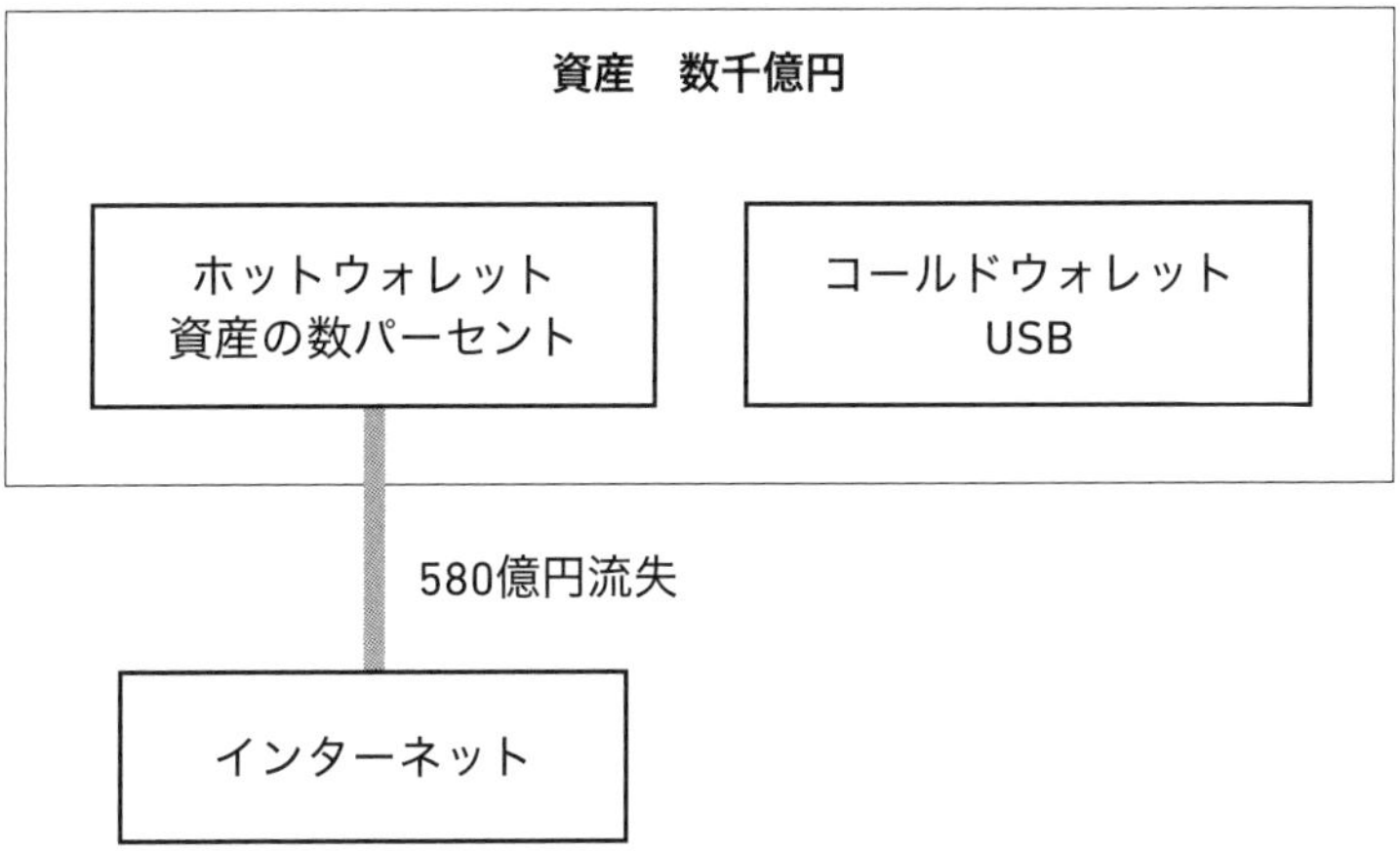

れているから安心」と言い切れるものなのでしょうか。

事件後にコインチェックはビットコインの決済サービスを停止したため、加盟店は売り上げを引き出すことができなくなりました。[61] ビットコイン建ての売り上げを出金できないばかりか、その暴落を眺めているしかなかったのです。

この事件では、コインチェックの取引所がハッキングされただけなので、仮想通貨を支えているブロックチェーンの問題ではないという説もありました。そうであれば取引所のセキュリティ強化が課題になります。

図はＮＥＭの価格推移を表したものです。２０１７年秋から２０１８年１月までは仮想通貨が分裂バブルで値上がりを続けていた時期でした。しかし、コインチェック事件で仮想通貨への不安が広がりました。ＮＥＭはピーク時の20分の１に値下がりし、復活する兆しがみえません。被害にあわなかったＮＥＭの保有者も価格の下落で大損です。

ビットコインは同時期に４分の１まで下落しています（14章のチャートを参照）。

ＮＥＭが復活するためには犯人を見つけてＮＥＭを取り返すことが必要です。事件当時は流

NEMの価格推移

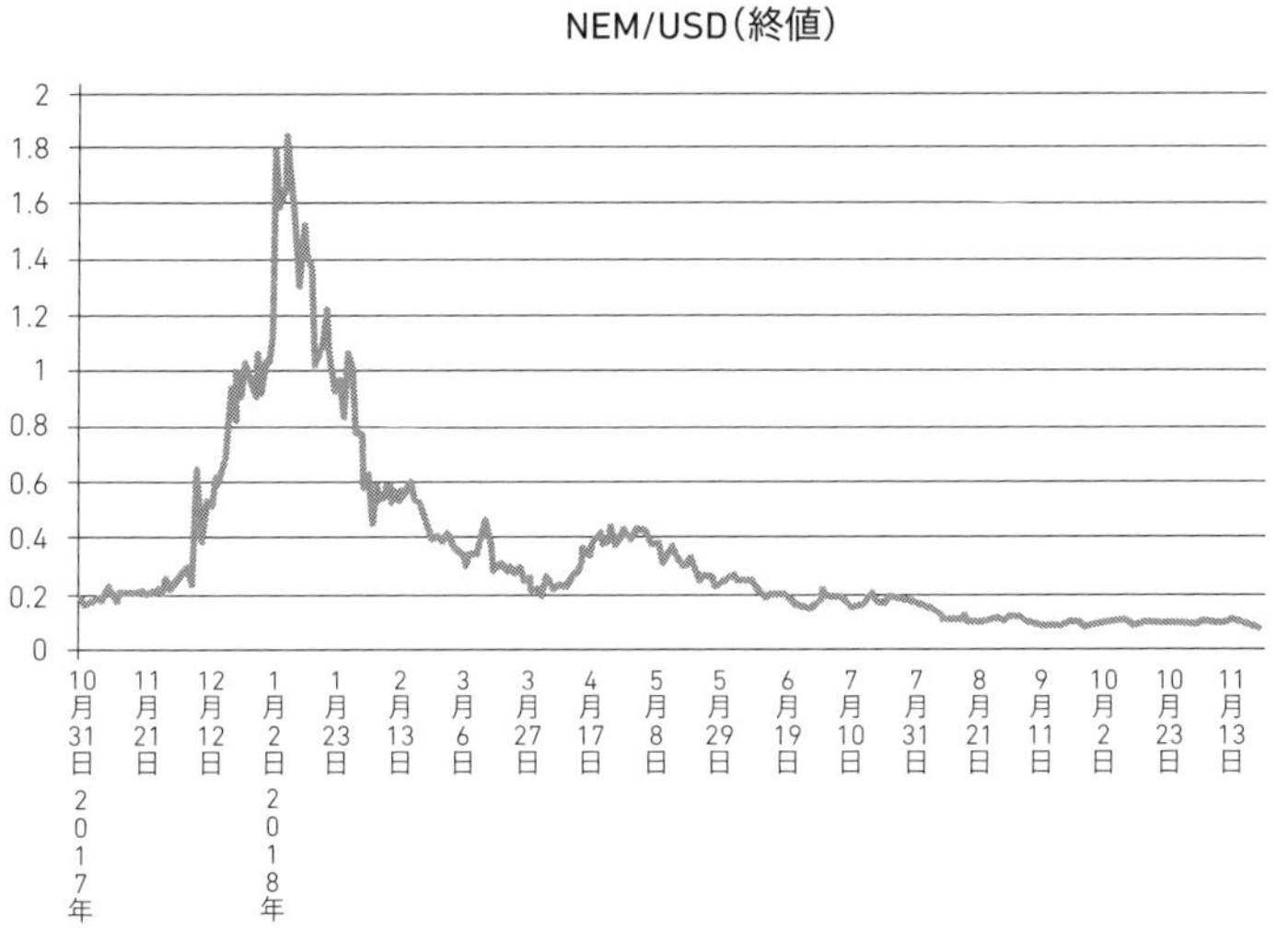

データ元：CoinMarketCap

失したＮＥＭを追跡するテレビ番組が組まれ、それなりの期待を抱かせてくれましたが、最近では忘れられてしまったようです。

フィンテックビジネスを育てようという政府方針の下で、さまざまな失敗はつきものです。その経験を積み重ねて、より優れた社会システムに導いていこうという考え方だったはずです。しかしＮＥＭの事件を社会的な教訓とするには代償が大きすぎたといえます。当局はこの事件を機に、仮想通貨取引への規制を強める方向に進み始めました。

事件後、金融庁はコインチェック社に業務改善命令を出しました。これは仮想通貨取引所への初の命令です。その理由は、外部からのアクセスに対するコインチェック社のシステム上の備えが不十分だったことと、仮想通貨の不正送金に気づくまでに8時間以上かかったことが理由です。[62]

また２０１８年３月に7社の仮想通貨取引所に行政処分を出しました。2社は業務停止命令と業務改善命令、5社は業務改善命令です。コインチェック社は「経営体制の抜本的な見直しが必要」とのことで2度目の業務改善命令です。同社はその後マネックスグループに救済され、子会社化されました。その後、２０１９年1月に仮想通貨交換業者に登録されています。[63]

登録業者での不正流出

外部からの不正流失は4か月後にまた起きました。仮想通貨のモナコインが海外取引所で約1000万円消失したのです。[64]

コインチェックはみなし業者だったので、登録業者なら安心という説がありましたが、この説も長続きしませんでした。テックビューロ社が運営する仮想通貨取引所Zaifで約67億円が流失したからです。[65]同社は仮想通貨の登録業者です。この事件は登録業者でも安心できないということを示しました。

同社は2018年3月と6月に業務改善命令を受けていますが、この事件で3回目の業務改善命令を受けています。半年に3回も業務改善命令を受けると、対応が間に合わないのではないかと心配になります。

日本経済新聞[66]はテックビューロ社の経営姿勢について、「顧客資産の保護を第一に置くという、金融業のイロハのイが欠如している」「流出から10日間以上もたつのに、不正流出の経緯や原因を顧客に詳しく説明していない」と批判しています。

産経新聞[67]は「金融庁は同社が内包するリスクを十分に見極められていたのか。業務停止命令など、より踏み込んだ対応は取れなかったのか。監督官庁としての対応も検証が必要」と金融庁を批判しています。

当局は仮想通貨ビジネスへの監視をさらに厳しくする方向に向かわざるを得ないでしょう。

その後、テックビューロ社はＺａｉｆをフィスコに譲渡しました。看板を付け替えるだけではなく、原因解明と経営陣や管理体制の刷新が必要です。

海外取引所での不正流失

仮想通貨ビジネスの技術的な参入障壁が低いことはすでに述べたとおりです。取引業者の経営意識はベンチャー企業レベルのところもあります。

ブルームバーグ[68]は「仮想通貨市場はハッカーにとっておいしい標的である」という見出しで一連の事件を列記しています。この内容を表にまとめておきます。また日本経済新聞に出ている仮想通貨の流失事件も表にまとめておきます。

個人口座からのハッキング

警察庁のまとめによると、仮想通貨の個人アカウントを狙った不正アクセス事件が２０１７年に１４９件ありました。[69] ２０１７年に流出した仮想通貨の不正送金の被害総額は約６億６２４０万円で、ビットコインが85件と、リップルが55件、イーサリアムが13件などです。

ブルームバーグが示した仮想通貨の不正流失事件

	取引所・拠点	仮想通貨	流出内容 USドル
2012/9	BitFloor（米国）	ビットコイン	25万ドル
2014/2	Mt. Gox（日本、米国）	ビットコイン	4.8億ドル
2015/1	Bitstamp	ビットコイン	500万ドル
2016/5	Gatecoin（香港）	ビットコインなど	200万ドル
2016/6	不明	イーサリアム	50ドル
2016/8	Bitfinex	ビットコイン	6500万ドル
2017/4	Bithumbの請負業者（韓国）	Bithumb	3万人以上の個人情報・取引情報
2017/7	CoinDash（イスラエル）	Ether	660万ドル
2017/7	Parity Wallet	Ether　など	155万ドル
2017/12	Youbit（韓国）	-	資産の17%
2017/12	NiceHash（スロベニア）	ビットコイン	6300万ドル
2018/1	コインチェック（日本）	-	5億ドル
2018/6	Coinrail（韓国）	複数	-

日本経済新聞で報道されたその他の流失事件

日付	取引所　拠点	仮想通貨	流出額
2016/8/4	ビットフィネックス（香港）	ビットコイン	約65億円
2018/6/12	コインレイル（韓国）	仮想通貨	約40億円
2018/6/21	ビッサム（韓国）	仮想通貨	約35億円

リップルはセキュリティが高いといわれる仮想通貨ですが、個人の口座からハッキングされてしまうとお手上げです。取引所のセキュリティ対策はまだ不十分ということでしょうか。ネットバンキングでも銀行の個人口座のハッキングが起きていますが、匿名性が高い点で仮想通貨の口座のほうが狙われやすいはずです。

18 銀行と仮想通貨の将来像

お父さんの謎解き

銀行は仮想通貨にどう対応するのか？

お父さんは万年刑事とは思えないほどフィンテックや仮想通貨に詳しくなりました。ひょっとするとサイバー犯罪の部署に栄転できるかもしれません。

お父さんはＱＲコード決済は若いフィンテック企業のビジネスだと思っていましたが、銀行も取り組み始めていることを知りました。そのシステムにはデビット機能や仮想通貨が使われ、ＱＲコード決済や送金も簡単にできるようになるそうです。給与振り込みの銀行のアプリでＱＲコード決済ができれば、お金をチャージしなくても済むので、ＬＩＮＥペイより便利かもしれません。

お店側にしても銀行のＱＲコード決済なら、入金したお金をそのまま銀行口座で管理できるので好都合です。街のミニカーショップやお気に入りのラーメン店もキャッシュレスになるかもしれません。ようやくお父さんはキャッシュレス社会をリアルに想像できるようになりました。

銀行は何かと厳しい規制に縛られ、考える力を失うほど大変な業界です。はたしてＩＴベンチャーのようにチャレンジングな仕事ができるのでしょうか。それに銀行が仮想通貨のような「怪しい」ものに乗り出すのでしょうか？　お父さんは調べてみました。

ブロックチェーンの利用

仮想通貨の残高や取引データの台帳管理にはブロックチェーン（分散型台帳）という暗号技術が使われています。銀行口座の取引データは銀行が管理していますが、ビットコインの台帳管理には誰もが参加できます。数多くの参加者が取引記録を監視することで取引が成立するという仕組みです。複数のコンピューターの記録を同時に書き換えないとデータの改ざんができないので、セキュリティーが非常に高いとされてきました。

取引記録の検証にはコンピューターを駆使した膨大な計算と電気代が必要です。この検証作業をマイニング（採掘）といい、マイニングをする人（組織）をマイナーと呼びます。マイニングに成功すると、その作業に対するインセンティブとして新たな仮想通貨や取引手数料がもらえます。仮想通貨の発行量には理論的な限界があるので、マイニングにも限界があります。

またマイニング事業に投資しようという動きもあります。しかしマイニング事業の採算が悪化しているため、GMO系やDMM系のマイニング会社が撤退しはじめています。[70]

オープン型とクローズド型のブロックチェーン

ブロックチェーンのシステムにはオープン型とクローズド型があります。

オープン型はパブリック型とも呼ばれ、誰もがシステムにアクセスできて取引記録の監視ができるものです。数多くの人が監視するほどセキュリティが高いはずですが、悪意のある人もネットワークにアクセスできるというリスクがあります。ビットコインなど市場で取引されている仮想通貨のほとんどはオープン型です。

クローズド型は特定の参加者だけがネットワークにアクセスできるものです。この方法だと悪意のある人がアクセスできないので、さらにセキュリティが高いといえます。クローズド型にはコンソーシアム型とプライベート型がありますが、管理者が1つのときはプライベート型、グループで管理するのがコンソーシアム型です。

クローズド型の中では、複数の固定参加者が管理するコンソーシアム型のほうがセキュリティは高いといえます。このことから銀行はコンソーシアム型のブロックチェーンを使った送金システムに参加し始めています。

銀行による次世代型の送金ネットワーク

仮想通貨の将来像はよくわかりませんが、ブロックチェーン技術は次世代型の送金システムとして期待されています。銀行がクローズド型のブロックチェーンを使えば、セキュリティ面でも安心できそうです。

コスト面についても、スペインのサンタンデール銀行[71]は「ブロックチェーンによって2022年までに年間最大200億ドル（約2・2兆円）のコスト削減が可能」としています。

リップルプロジェクト[72]

三菱UFJ銀行は米国のリップル社のブロックチェーン技術を活用した即時決済に取り組んでいます。このプロジェクトには表の7行が連携し、今後世界で90行が参入する可能性があるとしています。

Ｒ３コンソーシアム[73][74]

米国のＲ３ ＣＥＶ社はブロックチェーンシステム（Corda、コーダ）を開発したベンチャー企業です。同社はコーダを基盤とするＲ３コンソーシアムを展開し、世界の数十社が１００億円以上出資しています。表はＲ３に出資する主な金融機関です。

一部にはＲ３がブロックチェーンを使った金融機関向けの基盤システムとして、デファクトスタンダードになる可能性があるとの見方もあります。

一方、Ｒ３コンソーシアムからの離脱も起きています。２０１６年にはゴールドマンサックス、サンタンデール銀行、モルガンスタンレー、ナショナルオーストラリア銀行の4行が離脱しました。続いてＪＰモルガンチェースも２０１７年に離脱しました。

離脱した銀行のその後ですが、サンタンデール銀行は２０１８年4月にワンペイＦＸという国際送金サービスを始めました。そしてＪＰモルガンチェースは新しい送金ネットワークを始めました。

リップルプロジェクトに連携する金融機関

三菱UFJ
バンクオブアメリカ
スタンダードチャータード銀行
ロイヤル・バンク・オブ・スコットランド
サンタンデール
CIBC
ウエストパック銀行

R3に出資する主な金融機関

国内金融機関	海外金融機関
SBIホールディングス 三菱UFJフィナンシャル・グループ 三井住友フィナンシャルグループ みずほフィナンシャルグループ 野村ホールディングス 大和証券グループ本社	ウェルズ・ファーゴ バンクオブアメリカ・メリルリンチ HSBCホールディングス シティグループ BNPパリバ

IIN^{SM}に参加する主な金融機関

国内金融機関	海外金融機関
みずほ銀行 りそな銀行 三井住友銀行	JPMorgan Chase National Bank of Canada Royal Bank of Canada The Toronto-Dominion Bank Banco Santander Société Générale Australia and New Zealand Banking Group

インターバンク・インフォメーション・ネットワーク[75]

ＪＰモルガンチェースはブロックチェーン技術を使った送金ネットワーク（インターバンク・インフォメーション・ネットワーク、IIN[SM]）を立ち上げました。この送金ネットワークには75以上の銀行が参加し、国内ではみずほ銀行、りそな銀行、三井住友銀行が参加しています。アメリカ地域ではトロント・ドミニオン銀行など19行、欧州でソシエテ・ジェネラルなど18行、アジア太平洋地域で邦銀3行など21行、東欧・中東・アフリカ地域などで18行が参加しています。これも大規模な送金ネットワークになりそうです。

キャッシュレス社会と仮想通貨

国内では三菱ＵＦＪ銀行が仮想通貨（ＭＵＦＧコイン）を開発中です。みずほフィナンシャルグループも地銀などと共同でＪコインを検討中です。これらは仮想通貨とは言わずデジタル通貨と呼ばれていて、利用者の抵抗感をなくしたいようです。

いずれにしてもスマホのアプリで送金したりＱＲコード決済ができるもので、キャッシュレス化に対応する仕組みといえます。

後発の銀行系と先行したＬＩＮＥや楽天などとで、将来はどのような勢力図になるのかはわかりません。ＬＩＮＥペイの3年間決済手数料無料という戦術は、銀行系のシステムが始まる前にシェアを固めたいということかもしれません。

銀行勢も巻き返しに出ていて、みずほフィナンシャルグループは２０１９年３月にデジタル通貨を発行しＱＲコード決済を始めます。[76] このデジタル通貨は１単位が１円で固定されていて、地銀が約60行参加しキャッシュレス化を普及するとのことです。地銀が加わっていることもあり、地域の小店舗まで加盟店が増えることが期待できます。買い物の支払いだけでなく、利用者間の送金などもできるので、ＬＩＮＥペイの銀行版がついに登場ということです。

このシステムには国内すべての銀行や信用金庫が参加しているわけではないので、送金ネットワークとしては現状の銀行間送金のレベルには至っていません。したがって当面の普及は加盟店の数次第ということでしょうか。銀行の強大なネットワークや営業力を考えると、加盟店が一気に増えるかもしれません。

仮想通貨の将来像

仮想通貨は送金が簡単にできることと、値上がり期待の取引対象として成長してきました。このうち送金についてはクローズド型のブロックチェーンを使った銀行系のシステムが主流になると考えられます。従来型の仮想通貨は送金という役割がなくなるので、投資対象の暗号資産として生き残れるかが課題になります。

株式投資はそれによって資本市場に資金が集まり、企業活動を活性化させるという意義があります。先物取引も現物資産のリスクヘッジシステムとして機能するためには十分な取引量が必要です。

仮想通貨が取引目的だけの資産に位置づけられるなら、その取引の社会的な意義は何なのでしょうか。国内大手の仮想通貨取引所のウェブページをいくつかみても、それが伝わってきません。仮想通貨取引が復活するためにはその社会的な意義が問われているはずです。

エピローグ

娘はLINE社への就職をあきらめました。もともとITスキルがないし、営業職はちょっと無理かもと思ったからです。それでマンガサークルのOBが経営しているIT系デザイン事務所に勤めることになりました。マンガの腕を買われて、LINEスタンプのイラストを描く仕事です。その事務所が南青山にあって、とてもおしゃれに見えたことも就職を決めた理由です。見た目重視なのは母親譲りかもしれません。

お母さんはメルカリに出していたお父さんコレクションの出品をやめました。最近では漆のお椀やお皿に料理を盛りつけて、インスタグラムへの投稿を続けています。お母さんは高価な漆をどうやって手に入れたのでしょうか。

じつはお母さんのフォロワーには漆雑貨のショップが混じっていたのです。そのショップがお母さんに使ってほしいと、漆の食器類をプレゼントしてくれました。お

母さんは軸のない人なので、漆が気に入ってしまいました。それを使った和モダンの料理写真が海外で評判になり、フォロワーは念願の2万人越えです。

お母さんはインフルエンサーとして漆のプロモーションやマーケティングに協力することになりました。ショップのイベントでゲストに招かれたりして、なかなかの活躍です。そして今まで使っていた食器をほとんど使わなくなりました。

お父さんはメルカリで売られていたミニカーが消えていることに気づきました。売り手のコレクターさんは大切なお宝を手放さなくてもよいことになり、何かいいことがあったのだろうと想像しています。

最近はイタリア製の古いミニチュアパトカーが欲しいのですが、結構いい値段なので軍資金が足りません。そこでお母さんが派手な食器類を使わなくなり、押し入れにしまっていることを思い出しました。お母さんはちょうどショップのイベントに出かけているので絶好のチャンスです。お父さんは押し入れの食器類をスマホで撮ってメルカリに出品してしまいました。

2人は似たもの夫婦だったのです。

おわりに

ＬＩＮＥとメルカリを軸にしてフィンテックビジネスを調べてみました。期待できるもの、期待できないものなどさまざまです。フィンテックを意識させないで自然に入ってくるものはうまく回っているように思います。

仮想通貨は新しいビジネスとしての可能性を期待されていました。私は政府の態度をみながら成り行きを眺めてきたのですが、本書を書き進めていくうちに期待感が下がってきたという感じです。国内取引所の世界シェアは低く、ローカル取引所として生き残れるかが課題でしょう。グローバルな仮想通貨の取引をドメスティックな考え方でビジネスにしようとしているところにも違和感を覚えます。

ブロックチェーンによる次世代型の送金システムには期待していますが、このビジネスのおいしいところは海外のコンソーシアムに持っていかれそうです。

資金運用でもこれはというのがなかった気がします。ソーシャルレンディングの社会的な期待は大きいはずなのに、運営会社や融資先による資金流用が続いたため低迷しそうです

クラウドファンディングは根付いてきたようです。とくにＥＮＪｉＮＥのようなクラウド

ファンディングには目新しさを感じます。中国のように富裕層の多い国で展開できれば成長するかもしれません。

ＬＩＮＥやメルカリのビジネスはうまくフィンテックを取り入れ、新しい経済圏まで生み出そうとしています。この２社はモノやサービスだけの視点ではなく、キャッシュレス化やシェアリングエコノミーの流れを推し進めつつ、新しい経済圏を生み出そうとしています。この点でこれまでの企業になかった可能性を感じます。

またＬＩＮＥの分散アプリによる経済圏構想はポスト三大ＳＮＳの芽としても興味があります。そして中国ではフィンテックビジネスのユニコーンが続出していることが刺激になりました。

本書を書くにあたり、大学のＯＢ・ＯＧや在学生のみなさまにはいろいろとご教示いただきました。また日経ＢＰ社の長崎隆司氏からも貴重なヒントをいただきました。ありがとうございます。読者のみなさまのヒントになるところが少しでもあればと思います。

70 東洋経済：2018/12/30

71 日本経済新聞：2016/03/18

72 日本経済新聞：2017/03/31

73 日本経済新聞：2018/01/17、 2018/03/27、2018/05/24

74 ロイター：2017/04/28、2018/06/14

75 J.P. Morgan：Interbank Information Network℠ Expands To More Than 75 Banks, 2018/09/25

76 日本経済新聞：2018/12/17、 2018/12/30

45 2018/10/18時点
46 日本経済新聞：2017/10/29
47 金融庁：仮想通貨交換業者登録一覧、2019/01/11
48 日本経済新聞：2017/09/16
49 日本経済新聞：2018/02/02
50 2018年10月時点
51 日本経済新聞：2014/11/08
52 日本経済新聞：2014/05/26
53 日本経済新聞：2018/02/20、03/17、07/04、08/08、08/09、08/26
54 2018年秋の時点
55 金融庁：仮想通貨関係（2018/06/22）。金融庁：行政処分事例集（2018/06/30）
56 日本経済新聞：2014/03/01
57 日本経済新聞：2017/10/18
58 日本経済新聞：2017/11/09
59 日本経済新聞：2018/01/27
60 大塚雄介：いまさら聞けないビットコインとブロックチェーン、ディスカヴァー・トゥエンティワン、2017
61 日経MJ（流通新聞）：2018/02/09
62 日本経済新聞：2018/01/29
63 マネックスグループ：仮想通貨交換業登録に関するお知らせ、2019/01/11
64 日本経済新聞：2018/05/20
65 日本経済新聞：2018/09/20
66 日本経済新聞：2018/09/20、09/25
67 産経新聞：2018/09/26
68 ブルームバーグ：Cryptocurrency Markets Are Juicy Targets for Hackers、2018/06/18
69 日本経済新聞：2018/03/22

23 国立市：民間が実施するコミュニティサイクル実証実験（メルチャリ）に駐輪ポートを提供します、2018/09/07
24 フォリオ：業務及び財産の状況に関する説明書【2018年3月期】
25 フォリオ：LINEとFOLIO、資本業務提携を締結、2018/01/18
26 日本経済新聞：2018/07/06、 2018/07/17
27 日本経済新聞：2017/04/29
28 日本経済新聞：2015/07/04
29 金融庁：2017/06/09
30 金融庁：2018/03/05
31 日本経済新聞：2018/01/19
32 日本経済新聞：2018/11/08
33 日本経済新聞：2018/05/01、2018/07/13
34 金融庁：ICO（Initial Coin Offering）について ～利用者及び事業者に対する注意喚起～、2017/10/27
35 LINE：有価証券報告書、2017/12/31
36 LINE: 独自のブロックチェーン技術を活用し、ユーザーとサービス提供者の共創関係の構築を目指す「LINE Token Economy」における今後の計画、および5つの分散型アプリケーション「dApp」サービスについて発表、2018/09/27
37 ITメディアビジネス：メルカリ、仮想通貨交換業の登録申請へ、2018/01/11
38 日本経済新聞電子版：2018/12/19
39 日本経済新聞：2013/04/19
40 金融庁：仮想通貨交換業等に関する研究会報告書（案）2018/12/14
41 S. Nakamoto: Bitcoin: A Peer-to-Peer Electronic Cash System, working paper, 2009
42 ビットコインHP
43 日本経済新聞：2017/08/02
44 日本経済新聞：2018/02/11

参考資料

1 たとえば、森・濱田松本法律事務所 増島雅和ほか：FinTechの法律2017-2018 日経BP社、2017 など

2 日本経済新聞：2016/04/07

3 経済産業省：キャッシュレス・ビジョン、2018/04

4 日本経済新聞：2019/01/12

5 LINE：銀行業参入のための共同出資による準備会社設立に関する基本合意書の締結に関するお知らせ、2018/11/27

6 日本経済新聞：2018/11/28

7 LINE：平成30年12月期 第1四半期報告書、新規上場申請のための有価証券報告書（Ⅰの部）2016

8 日経速報ニュースアーカイブ：2016/07/15

9 日本経済新聞：2018/10/17、 日経速報ニュース：2018/11/06

10 総務省：平成29年度版情報通信白書　SNSがスマホ利用の中心に

11 日本経済新聞：2016/04/06、2016/04/07、2016/05/19

12 LINE：有価証券報告書　2016

13 メルカリ：新規上場申請のための有価証券報告書（Ⅰの部）2018

14 2017年6月決算

15 メルカリ：新規上場申請のための有価証券報告書（Ⅰの部）、2018

16 ニールセン：スマホからのオークション／フリマサービス利用者数は約2000万人に成長、2014/07/29

17 ニールセン：スマートフォンからのオークション／フリマの利用者数は2749万人　2018/05/31

18 日本経済新聞：2018/08/10、2018/09/14

19 総務省：シェアリングエコノミー活用推進事業 実施方針（案）

20 日本経済新聞：2018/10/25

21 福岡市：福岡スマートシェアサイクル実証実験に係る実施事業者の公募を開始します！、2018/01/31

22 福岡市：福岡スマートシェアサイクル実証実験に係る自転車台数等について、2018/06/22

著者紹介

安岡孝司（やすおか・たかし）

芝浦工業大学大学院工学マネジメント研究科教授

1985年みずほ情報総研（旧富士総合研究所）入社。金融技術開発部部長などを経て、2009年から現職。大阪大学理学部数学科卒、神戸大学大学院理学研究科修了、九州大学大学院理学研究科中退。博士（数理学）（九州大学）。著書に『企業不正の研究』（日経BP社）、『Interest Rate Modeling for Risk Management』（Bentham Science Publishers）、『債券投資のリスクとデリバティブ』（大学教育出版）、『市場リスクとデリバティブ』（朝倉書店）、『戦略的技術経営入門』（芙蓉書房出版、共著）などがある。

LINEとメルカリでわかる
キャッシュレス経済圏のビジネスモデル

2019年2月19日　第1版第1刷発行

著　者　安岡孝司
発行者　村上広樹
発　行　日経BP社
発　売　日経BPマーケティング
〒105-8308　東京都港区虎ノ門4-3-12
https://www.nikkeibp.co.jp/books/
装　丁　小口翔平＋岩永香穂（tobufune）
アイコン作成　永井里実（tobufune）
制作・図版作成　秋本さやか（アーティザンカンパニー）
編　集　長崎隆司
印刷・製本　中央精版印刷

本書籍に関するお問い合わせ、ご連絡は下記にて承ります。
https://nkbp.jp/booksQA

ISBN978-4-8222-8962-1